电动汽车低温能量管理策略

吴晓刚　孙金磊　著

科学出版社

北京

内 容 简 介

电动汽车低温能量管理是集动力电池低温内外部预热策略和电驱动系统能量管理等为一体的综合研究领域。本书深入介绍电动汽车动力电池低温预热技术的研究进展、动力电池内外部预热方法和增程式电动汽车低温能量优化管理策略。全书共 8 章，主要包括：绪论、锂离子动力电池低温特性分析、低温循环老化路径锂离子动力电池性能分析、锂离子动力电池直流放电预热方法、锂离子动力电池脉冲频率优化的低温预热策略、锂离子动力电池低温脉冲预热电流幅值优化、锂离子动力电池系统外部预热方法，以及低温状态下增程式电动汽车的能量管理策略。

本书可供从事电动汽车动力系统设计的工程技术人员和研究人员参考，也可供高等院校和科研院所中车辆工程等专业的师生阅读。

图书在版编目（CIP）数据

电动汽车低温能量管理策略 / 吴晓刚，孙金磊著. -- 北京：科学出版社，2024. 11. -- ISBN 978-7-03-079127-6

Ⅰ. U469.72

中国国家版本馆 CIP 数据核字第 2024L2C735 号

责任编辑：张　庆　霍明亮 / 责任校对：崔向琳
责任印制：赵　博 / 封面设计：无极书装

科　学　出　版　社 出版
北京东黄城根北街 16 号
邮政编码：100717
http://www.sciencep.com

北京科印技术咨询服务有限公司数码印刷分部印刷
科学出版社发行　各地新华书店经销

*

2024 年 11 月第　一　版　　开本：720 × 1000　1/16
2024 年 11 月第一次印刷　　印张：10
字数：200 000

定价：118.00 元
（如有印装质量问题，我社负责调换）

前　　言

电动汽车作为"十五"计划以来国家重大科技专项的重点发展内容受到各界广泛关注。一直以来，动力电池低温性能差，导致电动汽车在严寒地区安全高效运行面临严峻挑战，这成为电动汽车规模化推广的重要瓶颈。低温是诱发锂离子电池析锂的重要因素，低温条件下负极的嵌锂动力学条件变差，负极的比容量降低，充电时易在负极表面形成锂镀层甚至锂枝晶，进而加剧寿命衰退并引发安全问题。因此，加强电动汽车动力电池低温运行热电管理技术研发推广对加速实现汽车产业的纯电动化发展具有重大意义。

能量管理是电动汽车在低温条件下高效安全运行的核心，也是动力电池长寿命运行的关键。动力电池的预热管理则是能量管理的重要核心部分。因此，开展动力电池低温预热方法研究、做好电动汽车动力系统低温能量分配是解决电动汽车低温运行关键技术问题的重要途径。

本书结合作者多年研究实践，详细叙述电动汽车动力电池低温预热、低温动力系统能量管理等方面的研究成果。第1章详细介绍低温环境下电动汽车推广面临的挑战，以及锂离子动力电池低温预热技术的研究现状。第2章阐述锂离子动力电池低温特性分析，包括锂离子动力电池结构及工作原理、不同温度锂离子动力电池的性能测试，以及温度影响电池特性的原因。第3章介绍低温循环老化路径锂离子动力电池性能分析，包括锂离子动力电池老化机制及外特性老化分析方法，以及低温小倍率充放电循环老化路径设计和低温小倍率充放电对锂离子动力电池性能的影响。第4章介绍锂离子动力电池直流放电预热方法，包括锂离子动力电池性能测试及等效电路模型参数辨识和产热模型构建、基于动态规划的放电电流多目标优化等。第5章介绍锂离子动力电池脉冲频率优化的低温预热策略，包括锂离子动力电池性能测试、基于交流阻抗的锂离子动力电池热-电耦合模型构建，以及低温脉冲预热频率优化控制策略等。第6章介绍锂离子动力电池低温脉冲预热电流幅值优化，包括电池电化学阻抗谱性能测试、电池热电模型构建等，并围绕电池发生析锂的电位判据介绍低温脉冲预热电流幅值优化控制策略。第7章介绍锂离子动力电池系统外部预热方法，包括锂离子动力电池低温外部预热系统的仿真分析，以及锂离子动力电池系统外部预热实验。第8章介绍低温状态下增程式电动汽车的能量管理策略，包括带有电池预热的增程式电动汽车动力系统结构及工作原理、增程式电动汽车动力系统建模，以及基于电量消耗-电量维持（charge depleting-charge sustaining，CD-CS）的预热增程式电动汽车能量分配方法等。

本书是在黑龙江省自然科学基金重点项目（项目编号：ZD2021E004）的支持下完成的。参与本书资料搜集与整理的有孙一钏、陈喆、李凌任、崔智昊、王天泽、王九龙、徐文强等研究生。特别感谢新加坡国立大学宋子由博士对本书相关内容的指导。

本书力图将增程式电动汽车动力系统的研究进展介绍给读者，虽经多次补充完善，但有些理论和技术还处于探索阶段，不足之处在所难免。欢迎广大读者批评指正，共同推进我国电动汽车技术快速发展。

吴晓刚

2023 年 12 月于哈尔滨

目　　录

第1章 绪 论

电动汽车已成为交通电气化的重要发展方向之一,为交通领域节能减排提供了可行方案,是城市可持续发展的必由之路[1, 2]。但从推广应用环境来讲,电动汽车还不能与燃油汽车相比。低温条件下储能系统的能量管理问题成为制约电动汽车在高寒地区推广的一个核心技术问题,甚至成为新一轮技术竞争的焦点问题之一[3, 4]。

1.1 低温环境对电动汽车应用的挑战

在冬季低温条件下,电动汽车续驶里程短、电池耗电快,是造成北方寒冷地区电动汽车普及率低的主要原因。其中,锂离子动力电池低温条件下充放电性能变差,特别是在低温条件下对锂离子动力电池充电易造成负极析锂,进而加速电池老化、产生安全隐患,由此成为电动汽车低温运行面临的重大挑战[5, 6]。

1.1.1 能量和功率特性衰减严重

电动汽车锂离子动力电池的特性受环境温度的影响比较明显,尤其是在低温环境中,其可用能量和功率衰减严重,且长期在低温环境使用会加速锂离子动力电池老化,进而缩短使用寿命。随着温度降低,电池性能衰减越发严重。常用的电动汽车锂离子动力电池在−10℃时,容量和工作电压会明显降低;在−20℃时性能恶化更加严重,表现为其可用放电容量骤降。这是因为电解液的离子电导率随温度降低而减弱,同时电极材料活性降低,导致低温下欧姆极化、浓差极化和电化学极化都存在不同程度增大[7, 8]。

在电动汽车电池系统低温充电初期,电池端电压瞬间上升,且温度越低动力电池充电的起始电压就会越高,同时低温条件端电压上升较快,很快就会达到截止电压,进而进入恒压充电阶段[8]。其主要原因是随着温度降低,锂离子动力电池的整体内阻增大,进而造成欧姆极化增大、电化学极化增大和浓差极化增大,这使充电电压很快达到充电上限电压,于是充电方式很快由恒流充电转化为恒压充电[9, 10]。随着温度降低,锂离子动力电池的恒流充电时间会越来越短,而恒压阶段充电时间就会越来越长、充电总时间也会增加。所以,在充入同等电量的条件下,锂离子动力电池低温环境所需充电时间将大大增加。同时,在极低温度环境下锂离子动力电池中的电解液会凝固,导致正负极之间移动的锂离子数量急剧减少,如果对其直接进行充电,那么大量的金属锂会析出并沉积在锂离子动力电池负极表面,易刺破电池内部正负极之间的隔膜,导致正负极之间短路[11-13]。

1.1.2　制热需求上升

受低温使用环境影响,电动汽车车舱空调成为整车中能耗最大的辅助设备。冬季电动汽车空调系统的能耗约占汽车总能耗的35%,严重影响了汽车的行驶里程[14]。与传统燃油汽车相比,电动汽车没有发动机水循环余热可以供暖。电动汽车在使用热泵空调时,由于系统的压缩机采用直流供电,对抗振性能和负荷调节性能具有很高要求。当冬季在寒冷地区行驶时,受环境温度影响,电动汽车会出现结霜等问题,这会使制热效率下降,同时也存在制热工况下制冷剂供液不均匀、车内换热器散热面积小及散热不完全等问题。当电动汽车在冬季行驶时,锂离子动力电池耗电量快,空调系统的运行加快了该电池的耗电[15]。因此,优化电动汽车空调系统的供热模式、减少空调系统的能耗,对于提高电动汽车的冬季续驶里程和对未来电动汽车在寒冷地区的推广都具有重要意义。

1.1.3　行驶阻力增大

冬季汽车的胎压普遍会降低,汽车行驶中的轮胎阻力增加不可避免。当汽车在水平路面上行驶时,汽车行驶阻力主要包括空气阻力、滚动阻力、传动系阻力、制动系统拖滞力。在汽车行驶过程中,需要克服行驶阻力做功,行驶阻力越大,汽车能耗越高,当锂离子动力电池电量一定时,汽车续驶里程与行驶阻力成反比。研究表明,相较于常温 25℃,当温度为-20℃时,空气阻力将增大 16%,滚动阻力将增大 56%。同时,变速箱温度每降低 20℃,该变速箱拖滞力增大 1～2N·m[16]。

1.2　锂离子动力电池低温预热国内外研究现状

1.2.1　锂离子动力电池低温热特性研究现状

在针对锂离子动力电池低温热特性的研究中,段艳丽和王志飞[17]通过对不同温度下的锂离子动力电池工作状况进行研究,得到锂离子动力电池的最适工作温度为 10～30℃的结论。Zhang 等[18]通过分析低温条件下锂离子动力电池的充电过程，指出锂离子动力电池在较低环境温度条件下充电时充电转移内阻会大幅度增加，锂离子动力电池充电端电压会快速上升至充电截止电压，充电过程无法持续进行，导致低温条件下的可充入电量下降。李哲等[19]对磷酸铁锂电池进行了电池容量、充放电内阻与开路电压（open circuit voltage，OCV）和温度关系的研究，指出磷酸铁锂电池受环境温度影响较大，低温时容量衰减较快，高温时容量迅速增加，但变化速度小于低温时。该电池的欧姆内阻和极化内阻受温度影响最为明显，当温度越低时，欧姆内阻和极化内阻出现增大的情况，且在荷电状态（state of charge，SOC）较低时，极化内阻增大的幅度更大。而 SOC-OCV 曲线受温度影响较小，当温度越低时，OCV 越低。倪红军等[20]对混合动力汽车中使用的磷酸铁锂电池进行了充放电性能研究，指出磷酸铁锂电池在 25～60℃条件下性能变化较小，但是当温度超过 50℃时磷酸铁锂电池的循环寿命会下降。Zhao 等[21]研究了锂离子动力电池在充放电过程中的温升情况，并指出放电过程中该电池的温升情况较为明显，充电过程中该电池的温度基本保持恒定。Ruan 等[22]对电池在充放电过程中的产热来源进行了分析，指出电池充放电过程中的热量来源包括三个部分，即反应热、焦耳热及熵变生热，其中焦耳热是电池在充放电过程中的主要热量来源。

1.2.2 锂离子动力电池产热模型研究现状

电池产热模型的研究开始较早，Sato[23]利用集中质量模型对锂离子单体电池进行了热特性的仿真，与实验温度变化情况相比，集中质量模型获得了较好的温度仿真结果。Lin 等[24]建立了考虑副反应的三维电池热电模型，通过该模型电压电流的变化对电池温度分布进行模拟分析。Lin 等[25]针对 LiMn$_2$O 动力电池建立了三维模型，分析了电池的热特性和参数辨识方法，指出电池在恒流充电阶段和放电结束阶段的电池组热管理中处于重要地位。Chen 等[26]建立了一个基于边界辐射换热和对流换热的三维分层模型（该模型有着较高的精度），并且利用该模型分析了电池的散热过程，指出辐射换热是电池散热的一个主要过程。Bharathan 等[27]利用热电耦合模型对圆柱形电池进行了研究，通过分析电池的内部电压电流变化情况，结合电化学反应过程生热，建立电池温度场计算公式。Inui 等[28]针对索尼公司的 18650 电池建立了二维和三维模型，通过实验数据对模型参数进行了辨识提取，计算了不同条件下电池进行放电时的温升情况，模型计算数据与实际实验数据温度差距保持在 0.6℃内，有着较好的模拟效果。Chirstophe 等[29]针对圆柱形磷酸铁锂电池建立了等效热电路模型，将电池的各部分产热源等效为电路中的各部分电阻与电容，将电池产热过程中的发热功率等效为电路中的输出功率，仿真结果与实验对比结果显示仿真结果有着较高的精度与简单的计算过程。Lin 等[25]

利用二维简化模型对锰酸锂离子动力电池在充电时的温度场变化进行了分析，结合有限元分析软件分析，指出电流密度分布对电池内部温度场的分布有着重要的影响。Samba 等[30]针对方形锂离子动力电池建立了二维表面温度预测模型，在有限元软件的环境下仿真分析了该电池的热失控过程。

1.2.3　锂离子动力电池低温预热研究现状

锂离子动力电池目前常用的低温预热方法分为外部预热和内部预热两种。外部预热指的是通过加热膜等外部预热器件对电池组进行加热。这种方法的优点在于易于实现，但是容易造成电池组温度分布不均的问题[31]。内部预热指的是利用电池在低温下较大的内阻或内置的产热元件来产生预热所需的热量，通过施加合适的激励，达到所需的预热效果。相较于外部预热，内部预热需要更复杂的控制策略，但它不需要额外的预热装置，且能够使电池温度分布更加均匀[32]。

在电池的内部预热的研究上，目前主要采用以下四种方法。①在电池内部加入产热器件，通过开关控制产热器件从而对电池进行预热。Wang 等[33]提出在锂离子动力电池内部加入镍箔，使电流流经镍箔时产生大量的欧姆热，实现该电池核心的迅速预热。该方法具有很高的预热速率，在−20℃时只需 20s 即可将该电池低温预热至 0℃，但该方法存在电池温度内部分布不均的问题。Lei 等[34]对自预热电池预热过程中温度分布不均的问题进行了研究，提出了间歇预热的方法，即进行 0.1s 的预热过程后再进行 0.3s 的静置，使存在的温度分布不均的问题得到了改善。②使电池在低温下直流放电，利用电池的内阻产生热量进行自预热。Ji 和 Wang[32]通过建立电化学-热耦合模型，对电池自放电预热进行了研究。结果表明，在恒流放电或是恒压放电的情况下，电池可以在 420s 内从−20℃预热至 20℃，但该方法存在预热效率较低，预热时需要消耗较多能量的问题。Du 等[35]通过多目标优化的方法对低温预热时放电电流幅值进行了优化，使电池容量衰减率降低 5.65%、预热时间降低 1.82%、功耗降低 3.04%。③采用正弦交变激励对电池进行预热，该方法通过将交变激励施加于电池两端，通过电池低温下较大的内部阻抗对电池进行预热[36]，该方法需要较为复杂的控制策略，但是能够通过选取合适的正弦波频率和幅值，在保证预热效果的同时避免低温预热过程造成的电池容量衰退等问题，也能避免直流放电预热方法效率较低的问题[36-39]。Zhang 等[36]研究了一种利用正弦交流电对锂离子动力电池进行低温预热的方法，并通过在等效电路模型的基础上建立的频域内的产热速率模型对锂离子动力电池温升进行了预测，通过仿真和实验说明了所使用的正弦交流电的幅值和频率对产热速率的影响。Ge 等[37]针对锂离子动力电池交流预热过程中可能存在的析锂问题，通过拟合的等效电路模型和析锂电位判据，确定了不同频率下不引起析锂的加热电流的最大幅值，提出了一种根据电池温度调节预热电流幅值的变幅值正弦波交流预热方法，能够在 800s 内将电池从-20℃加热至 5℃。Jiang 等[39]提出了一种将放电电流叠加在正弦交流上进行预热的方法，并采用该方法对电池组进行了 600 次反复预热实验，证明了该方法能够在不降低锂离子动力电池寿命的前提下实现电池组均匀有效的预热。但是，在实际电动汽车的使用中，产生预热所需的正弦交流激励需要依赖外部电源，这点对该方法的应用有所限制。④采用脉冲激励对电池进行预热，该激励可以通过电池自身及开关器件产生，避免引入外部电源。在采用脉冲作为激励源的动力电池预热方法研究上，Zhu 等[40]研究了锂离子动力电池交流预热时，预热电流的频率、振幅和波形对电池的温升与性能的影响，证明了提高预热电流幅值能够显著地增加锂离子动力电池低温预热速度，高的预热电流频率能够减少电池的退化。Qu 等[41]通过实验的方式对锂离子动力电池的脉冲预热进行了研究，该方法能在 175s 内将电池从-10℃预热至 10℃，并从温升速率、预热效率和寿命衰退等角度比较了采用脉冲预热方式与直流预热方式的优缺点。

参 考 文 献

[1]　Du J Y，Ouyang M G，Chen J F. Prospects for Chinese electric vehicle technologies in 2016-2020：Ambition and rationality[J]. Energy，2017，120：584-596.

[2]　Hao H，Ou X M，Du J Y，et al. China's electric vehicle subsidy scheme：Rationale and impacts[J]. Energy Policy，2014，73：722-732.

[3]　Xu X D，Tang S J，Yu C Q，et al. Remaining useful life prediction of lithium-ion batteries based on Wiener process under time-varying temperature condition[J]. Reliability Engineering and System Safety，2021，214：107675.

[4]　Li Y L，Gao X L，Qin Y D，et al. Drive circuitry of an electric vehicle enabling rapid heating of the battery pack at low temperatures[J]. iScience，2021, 24（1）：101921.

[5]　Vidal C，Gross O，Gu R，et al. XEV Li-ion battery low-temperature effects-review[J]. IEEE Transactions on Vehicular Technology，2019，68（5）：4560-4572.

[6]　Ouyang D X，He Y P，Weng J W，et al. Influence of low temperature conditions on lithium-ion batteries and the application of an insulation material[J]. RSC Advances，2019，9（16）：9053-9066.

[7]　Wu X G，Chen Z，Wang Z Y. Analysis of low temperature preheating effect based on battery temperature-rise model[J]. Energies，2017，10（8）：1-15.

[8]　Senyshyn A，Mühlbauer M J，Dolotko O，et al. Low-temperature performance of Li-ion batteries：The behavior of lithiated graphite[J]. Journal of Power Sources，2015，282：235-240.

[9]　Ouyang M G，Chu Z Y，Lu L G，et al. Low temperature aging mechanism identification and lithium deposition in a large format lithium iron phosphate battery for different charge profiles[J]. Journal of Power Sources，2015，286：309-320.

[10]　Cao W P，Li J，Wu Z B. Cycle-life and degradation mechanism of $LiFePO_4$-based lithium-ion batteries at room and elevated temperatures[J]. Ionics，2016，22（10）：1791-1799.

[11]　Verma P，Maire P，Novák P. A review of the features and analyses of the solid electrolyte interphase in Li-ion batteries[J]. Electrochimica Acta，2010，55（22）：6332-6341.

[12]　Omar N，Monem M A，Firouz Y，et al. Lithium iron phosphate based battery：Assessment of the aging parameters and development of cycle life model[J]. Applied Energy，2014，113（1）：1575-1585.

[13]　Rong X，Li F Q，Guo F J，et al. Effects of FEC additive on the low temperature performance of LiODFB-based lithium-ion batteries[J]. Advanced Materials Research，2013（724/725）：1025-1028.

[14]　Li H J，Zhou G H，Li A G，et al. Heat pump air conditioning system for pure electric vehicle at ultra-low temperature[J]. Thermal Science，2014，18（5）：1667-1672.

[15]　Li W Y，Liu Y S，Liu R，et al. Performance evaluation of secondary loop low-temperature heat pump system for frost prevention in electric vehicles[J]. Applied Thermal Engineering，2021，182：115615.1-115615.11.

[16]　Rui X H，Jin Y，Feng X Y，et al. A comparative study on the low-temperature performance of $LiFePO_4/C$ and $Li_3V_2(PO_4)_3/C$ cathodes for lithium-ion batteries[J]. Journal of Power Sources，2011，196（4）：2109-2114.

[17]　段艳丽，王志飞. 空间锂离子电池温度特性研究[J]. 电源技术，2014，38（9）：1615-1616，1650.

[18]　Zhang S S，Xu K，Jow T R. Electrochemical impedance study on the low temperature of Li-ion batteries[J]. Electrochimica Acta，2004，49（7）：1057-1061.

[19]　李哲，韩雪冰，卢兰光，等. 动力型磷酸铁锂电池的温度特性[J]. 机械工程学报，2011，47（18）：115-120.

[20]　倪红军，吕帅帅，陈林飞，等. 混合动力汽车磷酸铁锂电池充放电性能研究[J]. 化工新型材料，2015，43（1）：133-134.

[21]　Zhao X W，Zhang G Y，Yang L，et al. A new charging mode of Li-ion batteries with $LiFePO_4/C$ composites under low temperature[J]. Journal of Thermal Analysis and Calorimetry，2011，104（2）：561-567.

[22]　Ruan H J，Jiang J C，Sun B X，et al. Stepwise segmented charging technique for lithium-ion battery to induce thermal management by low-temperature internal heating[C]. 2014 IEEE Conference and Expo Transportation Electrification Asia-Pacific（ITEC Asia-Pacific），Beijing，2014：1-6.

[23]　Sato N. Thermal behavior analysis of lithium-ion batteries for electric and hybrid vehicles[J]. Journal of Power Sources，2001，99（1/2）：70-77.

[24]　Lin C T，Cui C，Xu X T. Lithium-ion battery electro-thermal model and its application in the numerical simulation of short circuit experiment[C]. 2013 World Electric Vehicle Symposium and Exhibition（EVS27），Barcelona，2013：1-8.

[25]　Lin C，Chen K，Sun F C，et al. Research on thermo-physical properties identification and thermal analysis of EV Li-ion battery[C]. 2009 IEEE Vehicle Power and Propulsion Conference，Dearborn，2009：1643-1648.

[26]　Chen S C，Wan C C，Wang Y Y. Thermal analysis of lithium-ion batteries[J]. Journal of Power Sources，2005，140（1）：111-124.

[27]　Bharathan D，Peasaran A，Vlahinos A，et al. Improving battery design with electro-thermal modeling[C]. 2005 IEEE Vehicle Power and Propulsion Conference，Chicago，2005：1-8.

[28]　Inui Y，Kobayashi Y，Watanabe Y. Simulation of temperature distribution in cylindrical and prismatic lithium ion secondary batteries[J]. Energy Conversion and Management，2007，48（7）：2103-2109.

[29]　Chirstophe F，Dinh V D，Guy F. Thermal modeling of a cylindrical $LiFePO_4$/graphite lithium-ion battery[J]. Journal of Power Sources，2010，195（9）：2961-2968.

[30]　Samba A，Omar N，Gualous H. Development of an advanced two-dimensional thermal model for large size lithium-ion pouch cells[J]. Electrochimica ACAT，2013，117：246-254.

[31]　Stuart T A，Hande A. HEV battery heating using AC currents[J]. Journal of Power Sources，2004，129（2）：368-378.

[32]　Ji Y，Wang C Y. Heating strategies for li-ion batteries operated from subzero temperatures[J]. Electrochimica Acta，

2013，107（3）：664-674.

[33] Wang C Y，Zhang G S，Ge S H，et al. Lithium-ion battery structure that self-heats at low temperatures[J]. Nature，2016，529（7587）：515-518.

[34] Lei Z G，Zhang Y W，Lei X G. Improving temperature uniformity of a lithium-ion battery by intermittent heating method in cold climate[J]. International Journal of Heat and Mass Transfer，2018，121：275-281.

[35] Du J Y，Chen Z，Li F Q. Multi-objective optimization discharge method for heating lithium-ion battery at low temperatures[J]. IEEE Access，2018，6：44036-44049.

[36] Zhang J B，Ge H，Li Z，et al. Internal heating of lithium-ion batteries using alternating current based on the heat generation model in frequency domain[J]. Journal of Power Sources，2015，273：1030-1037.

[37] Ge H，Huang J，Zhang J B，et al. Temperature-adaptive alternating current preheating of lithium-ion batteries with lithium deposition prevention[J]. Journal of the Electrochemical Society，2016，163（2）：A290-A299.

[38] Jiang J C，Ruan H J，Sun B X，et al. A low-temperature internal heating strategy without lifetime reduction for large-size automotive lithium-ion battery pack[J]. Applied Energy，2018，230：257-266.

[39] Jiang J C，Lin Z S，Ju Q，et al. Electrochemical impedance spectra for lithium-ion battery ageing considering the rate of discharge ability[J]. Energy Procedia，2017，105（1）：844-849.

[40] Zhu J G，Sun Z C，Wei X Z，et al. An alternating current heating method for lithium-ion batteries from subzero temperatures[J]. International Journal of Energy Research，2016，40（13）：1869-1883.

[41] Qu Z G，Jiang Z Y，Wang Q. Experimental study on pulse self-heating of lithium-ion battery at low temperature[J]. International Journal of Heat and Mass Transfer，2019，1（135）：696-705.

第2章　锂离子动力电池低温特性分析

锂离子动力电池充放电的本质是正负极材料与电解液之间复杂的电化学反应。而环境温度在影响电化学反应速率的同时，对电池性能也会造成影响[1, 2]。因此，分析锂离子动力电池在低温环境下的特征参数，是设计电池系统热管理的前提和关键。

2.1　锂离子动力电池结构及工作原理

锂离子动力电池的结构主要由正负极集流体、正负电极、隔膜、电解液和电池外壳 5 个部分组成[3, 4]。通常使用纯度大于 98%的铝箔和铜箔分别作为正极、负极集流体。正极活性物质一般为 $LiCoO_2$、$LiMn_2O_4$、$LiFePO_4$、三元材料，负极活性物质为石墨或者类似石墨结构的碳。隔膜主要采用能通过锂离子、阻碍电子、带有微孔的高分子薄膜。电解液一般为溶有 $LiPF_6$ 的碳酸酯类溶剂。电池外壳一般使用钢壳、铝壳、镀镍铁壳（圆柱电池）、铝塑膜（软包电池）等[5, 6]。

图 2-1 和图 2-2 分别为方形锂离子动力电池内部结构和圆柱形锂离子动力电池内部结构。

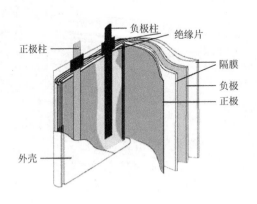

图 2-1　方形锂离子动力电池内部结构

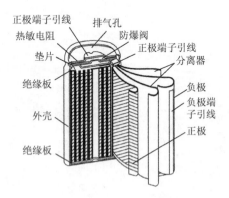

图 2-2　圆柱形锂离子动力电池内部结构

本章以锂离子动力电池充放电过程为例介绍其工作原理。其正极集流体为铝箔，负极集流体为铜箔，正极材料为 $LiFePO_4$，负极材料为 LiC_6，隔膜为聚烯烃多孔膜，电解液由 1∶1 或者 2∶1 比例的碳酸亚乙酯和碳酸二甲酯混合而成[7, 8]。

充电过程中的锂离子扩散过程如图 2-3 所示。锂离子从正极脱嵌进入电解液，通过隔膜从正极移动到负极，锂离子在负极表面开始聚集形成碳化锂化合物，而电子通过外部电路从正极移动到负极，进而实现锂离子动力电池的充电。放电过程则与之相反[9, 10]。

锂离子动力电池在充电过程中正负极上发生的反应如下所示。

负极：
$$Li_{x-z}C_6 + zLi^+ + ze^- \xrightarrow{\text{充电}} Li_xC_6 \tag{2-1}$$

正极：
$$Li_yFePO_4 \xrightarrow{\text{充电}} Li_{y-z}FePO_4 + zLi^+ + ze^- \tag{2-2}$$

化学方程式中 x、y、z 用以表示离子和电子的个数。

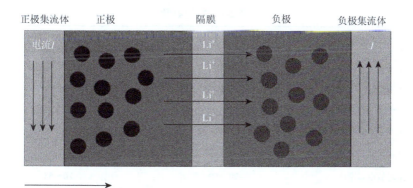

图 2-3　充电过程中的锂离子扩散过程示意图

2.2　不同温度锂离子动力电池的性能测试

为了更好地研究锂离子动力电池在宽温度范围内性能的变化规律，本书选取磷酸铁锂、三元聚合物两种正极材料的锂离子动力电池进行不同温度容量测试和混合脉冲功率特性（hybrid pulse power characterization，HPPC）测试，通过实验数据分析得到不同温度各动力电池的容量、开路电压、欧姆内阻、极化内阻的变化特性。

2.2.1　实验电池及测试设备

本章选取的锂离子动力电池为 40A·h 方形电池，三元聚合物锂离子动力电池为 2.6A·h 18650 圆柱形电池。两种电池外形如图 2-4 所示，电池参数如表 2-1 所示。

(a) 测试用磷酸铁锂锂离子动力电池　　　　(b) 测试用三元聚合物锂离子动力电池

图 2-4　测试用锂离子动力电池外形图

表 2-1　电池参数

电池参数	磷酸铁锂锂离子动力电池	三元聚合物锂离子动力电池
外形	方形	圆柱形
额定容量/(A·h)	40	2.6
额定电压/V	3.2	3.6
充电截止电压/V	3.65	4.2
放电截止电压/V	2.5	2.75
绝对放电温度/℃	−20～50	−20～55
循环寿命/次	>2000	>500

　　实验用测试设备包括电池测试仪，其用于对电池进行充放电测试。高低温交变恒温实验箱用于为电池提供恒定的实验环境温度。上位机用于控制充放电测试仪并采集相关实验数据。相关设备参数如表 2-2 所示，实验平台如图 2-5 所示。

表 2-2　相关设备参数

设备名称	参数
阿滨（Arbin）公司生产的电池测试仪	电压范围：0～5V 电流范围：0～50A 电压精度：满量程（full scale range，FSR）±0.01% 电流精度：FSR±0.01% 通道数：4
高低温交变恒温实验箱	恒温温度范围：−50～+150℃ 温度误差：<1℃ 箱体容积：200L

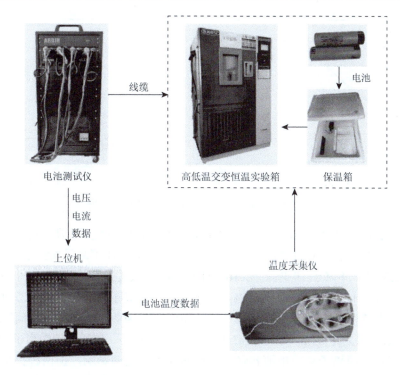

图 2-5　实验平台

2.2.2　容量测试

电池容量是衡量电池性能的重要指标之一，在电池手册规定的放电倍率下，电池由满电状态进行放电至截止电压，在这个过程中电池可放出的电量为当前条件下的电池容量。电池容量受环境温度、电池的使用次数影响较大。根据所用电池的手册，不同的环境温度条件下电池容量测试实验步骤如下所示。

（1）电池放置在 25℃条件下的恒温箱中静置 6h，根据电池手册中的标准放电倍率将电池放电至放电截止电压后静置 3h，再根据电池手册中的标准充电倍率对电池进行恒流充电至充电截止电压，之后转为恒压充电至充电电流小于电池手册中标定的截止电流，此时电池视为充满电状态。

（2）将恒温箱设置为目标温度，静置 6h。

（3）将电池按电池手册中的标准放电电流进行放电至放电截止电压，在此过程中记录电池的放电总电量，作为该条件下的电池可放出容量。

（4）重复上述过程，完成不同温度下的容量测试。

根据实验测试流程，我们完成了两种电池在不同温度下的容量测试，结果如图 2-6 所示。

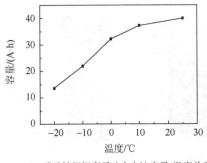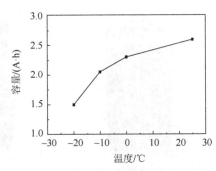

(a) 磷酸铁锂锂离子动力电池容量-温度关系　　(b) 三元聚合物锂离子动力电池容量-温度关系

图 2-6　锂离子动力电池容量-温度变化曲线

由图 2-6 中可以看出，随着温度降低，两种电池的容量都有所下降。磷酸铁锂锂离子动力电池在 10℃时容量为 37.28A·h，与 25℃时相比下降了 6.8%；在 0℃时容量为 32.23A·h，下降了 19.4%。在–10℃时容量为 21.86A·h，下降了 45.4%。在–20℃时容量为 13.51A·h，下降了 66.2%。三元聚合物锂离子动力电池在 0℃时容量为 2.26A·h，与 25℃时相比下降了 11.2%。在–10℃时容量为 2.06A·h，下降了 20.6%。在–20℃时容量为 1.5A·h，下降了 42.3%。在低温环境下，磷酸铁锂锂离子动力电池较三元聚合物锂离子动力电池容量下降更易受到温度的影响，但两种类型电池在–20℃时，容量均下降超过了 40%。因此严重地影响了锂离子动力电池的放电性能。

2.2.3　混合脉冲功率特性测试

HPPC 测试实验是指在充电和电压范围内使用一个包括放电和反馈脉冲的测试制度来确定其动态功率能力。可以通过放电 HPPC 测试实验的数据来辨识出放电过程中电池的开路电压、欧姆内阻和极化内阻的变化情况。

本节主要研究 HPPC 测试中不同温度的影响，其具体实验过程如下所示。

（1）在室温下充满。

（2）在指定温度条件下，以 0.33C①倍率恒流放电，放电电量为标称容量的 10%。

（3）在指定温度条件下，静置 2h。

（4）以 1C 倍率恒流放电 10s，静置 40s。

（5）以 3/4C 倍率恒流充电 10s，静置 40s。

（6）在指定温度条件下，重复步骤（2）～（5），直到步骤（2）过程中单体电压到达下限截止电压。

（7）在指定温度条件下，静置 2h。

---

① C 代表电流倍率，例如，容量为 100A·h 的电池，1C 倍率是 100A。

1. 开路电压特性

在不同温度下对两种电池进行了 HPPC 测试实验后，根据《FreedomCAR 功率辅助型电池测试手册》中提供的辨识方法[11-16]，分别得到了两种电池在不同环境温度下开路电压 OCV 随荷电状态 SOC 的变化关系，如图 2-7 所示。

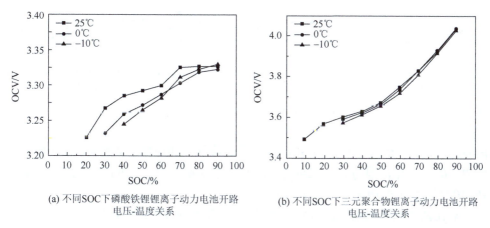

(a) 不同SOC下磷酸铁锂锂离子动力电池开路电压-温度关系

(b) 不同SOC下三元聚合物锂离子动力电池开路电压-温度关系

图 2-7　不同类型电池在不同 SOC 下开路电压-温度关系

由图 2-7 可以看出，在 25℃条件下锂离子动力电池的开路电压在开始放电时基本保持不变，当 SOC 达到 70%时，开路电压开始下降，在放电的最后阶段，开路电压呈加速下降趋势。对比不同温度下的开路电压曲线可以看出，随着温度降低，锂离子动力电池的开路电压平台也相对降低。在各个温度条件下，三元聚合物锂离子动力电池的电压都随 SOC 下降而下降，温度降低时开路电压下降趋势较小，三条曲线几乎重合。

2. 欧姆内阻特性

电池的欧姆内阻（R_r）主要由电池的电极材料、电解液、隔膜的电阻及各部分零件的接触电阻组成，主要由电池本身的结构和特性决定，而在不同的温度条件下，由于各部分材料的电阻变化不同，欧姆内阻也会有相应的变化，图 2-8 为锂离子动力电池不同 SOC 下欧姆内阻-温度关系。

由图 2-8 可以看出，不同温度环境下磷酸铁锂锂离子动力电池随着放电过程中 SOC 降低，R_r 缓慢增大，且随着温度降低而加大。在整个温度范围内，R_r 的变化范围为 16～46mΩ。R_r 随着 SOC 降低而增加，增加的幅度在 1～3mΩ。与 25℃相比，在-10℃条件下 R_r 增加了近 67%。三元聚合物锂离子动力电池在 25℃时，随着放电过程中 SOC 降低，R_r 在放电前 50%阶段维持稳定，之后开始加速增加。

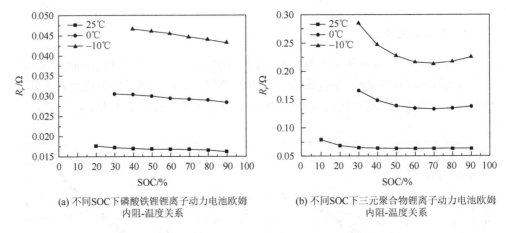

(a) 不同SOC下磷酸铁锂锂离子动力电池欧姆　　　　(b) 不同SOC下三元聚合物锂离子动力电池欧姆
　　内阻-温度关系　　　　　　　　　　　　　　　　内阻-温度关系

图 2-8　锂离子动力电池不同 SOC 下欧姆内阻-温度关系

随着温度降低，R_r 总体呈现随 SOC 减少而先降低后加速增加的趋势。整个温度范围内，R_r 的变化范围为 63~284mΩ。R_r 总体增加幅度为 1~59mΩ。与 25℃相比，在–10℃条件下 R_r 增加了近 157%。

对比两种电池的欧姆内阻变化情况，可以看出，R_r 随 SOC 降低而呈上升趋势，随着温度降低呈现上升的趋势，不同材料的电池受温度的影响程度不同，其中，三元聚合物锂离子动力电池的欧姆内阻较大，受温度影响程度也较大。

3. 极化内阻特性

电池的极化内阻（R_p）与欧姆内阻的产生原因不同，是由电池正负极在进行充放电化学反应时及锂离子扩散时产生的电阻。根据两种电池的 HPPC 实验结果进行参数辨识，得到锂离子动力电池不同 SOC 下极化内阻-温度关系曲线，如图 2-9 所示。

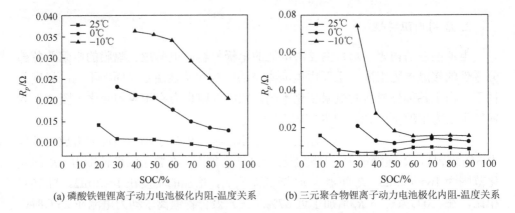

(a) 磷酸铁锂锂离子动力电池极化内阻-温度关系　　　　(b) 三元聚合物锂离子动力电池极化内阻-温度关系

图 2-9　锂离子动力电池不同 SOC 下极化内阻-温度关系

由图 2-9 可以看出，不同材料电池的极化内阻呈现不同的变化趋势。当锂离子动力电池在 25℃时，随着 SOC 减小，至 30%前 R_p 小幅度增加，当 SOC 下降至 30%以下时，R_p 快速增加至 14mΩ。随着温度降低，R_p 随着 SOC 减小时增加的幅度和速度都有所变大。当-10℃时，R_p 最大达到 36mΩ。随着温度降低，与 25℃ 时相比，在-10℃条件下 R_p 的增加幅度在 150%左右。当三元聚合物锂离子动力电池在 25℃和 0℃时，R_p 随 SOC 降低至 60%之前时基本保持不变，之后 R_p 先降低后加速增加至最大值。而在-10℃时，在 SOC 降低至 60%以下时，R_p 加速增加，放电近结束时 R_p 迅速增加至 72mΩ。在整个温度条件下，R_p 变化范围为 8.2～72mΩ，随着温度降低，与 25℃时相比，在-10℃条件下 R_p 增加幅度为 87%～90%，说明三元聚合物锂离子动力电池在低温放电至结束前 R_p 有较大变化。

2.3　温度影响电池特性的原因

由上述实验分析结果可以看出，无论是何种电池材料，低温环境下的电池都会出现可放出容量下降、开路电压降低、欧姆内阻和极化内阻增大的现象。从电池内部电化学反应的角度分析，电池充放电过程实质上是电池内部锂离子在正、负极活性材料间嵌入和脱出的反应，以及在高分子电解液中的流动。该过程的影响因素包括电解液电导率、锂离子扩散状态、动力学特性及正负极活性材料转移系数等，上述影响因素均对环境温度较为敏感[11,12]。本章从电化学角度出发，分析了低温条件下电池性能下降的原因。

锂离子动力电池的充放电过程是一个电化学反应过程，反应过程受浓度和锂离子扩散的影响。液相锂离子浓度变化可以由菲克（Fick）第二定律表示[13,14]：

$$\frac{\partial C_e}{\partial t} = \frac{\partial}{\partial x}\left(D_e \frac{\partial C_e}{\partial x}\right) + \frac{1 - t_+^0}{F} j^{Li} \tag{2-3}$$

式中，x 的方向为图 2-3 中箭头方向；C_e 为液相锂离子浓度；D_e 为液相锂离子扩散系数；t_+^0 为锂离子扩散过程中的传递系数；F 为法拉第常数；j^{Li} 为电流密度。

锂离子的固相扩散过程也可以由 Fick 第二定律表示：

$$\frac{\partial C_s}{dt} = \frac{D_s}{r^2}\frac{\partial}{\partial r}\left(r^2 \frac{C_s}{\partial r}\right) \tag{2-4}$$

式中，C_s 为固相锂离子浓度；D_s 为固相锂离子扩散系数；r 为离子半径。

阿伦尼乌斯（Arrhenius）等式给出了固相锂离子扩散系数 D_s 的关系式：

$$D_s(T) = D_{ref} \exp\left[\frac{E_{aD}}{R}\left(\frac{1}{T_{ref}} - \frac{1}{T}\right)\right] \tag{2-5}$$

式中，E_{aD} 为扩散有效能量；R 为一般气体常数；D_{ref} 为 T_{ref} 条件下的相对扩散系数；T_{ref} 为参考温度；T 为温度。可以看出，锂离子扩散系数随着温度降低而降低。锂离子的固相扩散过程中的极化程度决定着整个锂离子扩散过程中的极化程度，并且锂离子的固相扩散的极化程度随着扩散系数减小而增大。这也从化学反应机理的角度解释了极化内阻的增大原因。

充电转移电流密度可以由如下的巴特勒-福尔默（Butler-Volmer）公式得到

$$j^{Li} = j_0 \left\{ \exp\left[\frac{\alpha_a F}{LRT}\eta \right] - \exp\left[\frac{\alpha_e F}{RT}\eta \right] \right\} \tag{2-6}$$

式中，j_0 为电流转移密度；α_a 和 α_e 为正负极转移系数；η 为表面过电势，可以用式（2-7）表示：

$$\eta = \phi_s - \phi_e - U_{OCV} \tag{2-7}$$

其中，ϕ_s 为固相电势；ϕ_e 为液相电势；U_{OCV} 为开路电压。

j_0 可以由式（2-8）表示：

$$j_0 = Fk_0 C_e^{\alpha_a} (C_{s,max} - C_{s,surf})^{\alpha_a} C_{s,surf}^{\alpha_a} \tag{2-8}$$

其中，k_0 为化学反应速率系数；$C_{s,max}$ 为电极上最大锂离子浓度；$C_{s,surf}$ 为活性离子表面的锂离子浓度。k_0 可以由式（2-9）表示：

$$k_0(T) = k_{0,ref} \exp\left[\frac{E_{aR}}{R}\left(\frac{1}{T_{ref}} - \frac{1}{T} \right) \right] \tag{2-9}$$

式中，E_{aR} 为反应有效能量；$k_{0,ref}$ 为 T_{ref} 条件下的相对化学反应速率。

如式（2-9）所示，T 减小，$1/T$ 增大，$1/T_{ref}-1/T$ 减小，指数函数 exp 部分减小，k_0 减小，电化学反应速率也随温度降低而降低，由于 k_0 是时间函数，所以充放电过程可以看作阻性过程[15]。通过上述电化学反应过程的分析可以看出，低温条件下的电化学反应过程主要涉及的是极化过程和阻性过程的增加，导致极化内阻和欧姆内阻的增加，最终使低温条件下的可放出容量下降。

2.4　本 章 小 结

本章首先在工作原理方面对锂离子动力电池进行分析，为后续分析提供原理支撑；其次在不同环境温度下进行锂离子动力电池特性实验，包括容量、开路电压及内阻情况的分析，从定性的角度分析温度对电池的性能影响程度；最终通过电化学模型，分析电池受温度影响的原因。

参 考 文 献

[1] Liu L H，Zhu J G，Zheng L F. An effective method for estimating the state of charge of lithium ion batteries based on electrochemical model and Nernst equation[J]. IEEE Access，2020，8：211738-211749.

[2]　Gholami J，Barzoki M F. Electrochemical modeling and parameter sensitivity of lithium-ion battery at low temperature[J]. Journal of Energy Storage，2021，43：103189.

[3]　Speltino C，Domenico D D，Fiengo G，et al. Comparison of reduced order lithium-ion battery models for control applications[C]. Proceedings of the 48th IEEE Conference on Decision and Control and 28th Chinese Control Conference，Shanghai，2009：3276-3281.

[4]　Timmermans J M，Nikolian A，De H J，et al. Batteries 2020—lithium-ion battery first and second life ageing, validated battery models，lifetime modelling and ageing assessment of thermal parameters[C]. 18th European Conference on Power Electronics and Applications，Karlsruhe，2016：1-23.

[5]　Belharouak I，Tsukamoto H，Amine K. LiNi$_{0.5}$Co$_{0.5}$O$_2$ as a long-lived positive active material for lithium-ion batteries[J]. Journal of Power Sources，2003，119（7）：175-177.

[6]　Tian H X，Qin P L，Li K，et al. A review of the state of health for lithium-ion batteries：Research status and suggestions[J]. Journal of Cleaner Production，2020，261（1）：120813.

[7]　Mark Q. Lithium battery technology[J]. Motor Age，2016，135（1）：24-27.

[8]　Zhou S W，Song Z H，Zhao Y M. Analysis of the thermal effect of a lithium iron phosphate battery cell and module[J]. Energy Science and Engineering，2021，9（5）：661-675.

[9]　Zhao Y M，Shi W，Zhang M. Analysis of the memory effect of lithium iron phosphate batteries charged with stage constant current[J]. IOP Conference Series：Earth and Environmental Science，2021，804（3）：032064.

[10]　Yang Y，Chen L，Yang L J，et al. Capacity fade characteristics of lithium iron phosphate cell during dynamic cycle[J]. Energy，2020，206：118-155.

[11]　Kuz'mina A A，Kulova T L，Tuseeva E K，et al. Specific features in the low-temperature performance of electrodes of lithium-ion battery[J]. Russian Journal of Electrochemistry，2020，56（11）：899-906.

[12]　Yang Q Y，Wang J L. Exploration of thermal management issues in the battery life cycle[J]. IOP Conference Series：Earth and Environmental Science，2021，696（1）：012006.

[13]　Song Y C，Li Z Z，Soh A K，et al. Diffusion of lithium ions and diffusion-induced stresses in a phase separating electrode under galvanostatic and potentiostatic operations：Phase field simulations[J]. Mechanics of Materials，2015，91（1）：363-371.

[14]　Summerfield J H，Curtis C N. Modeling the lithium ion/electrode battery interface using Fick's second law of diffusion，the Laplace transform，charge transfer functions，and a [4, 4] Padé approximant[J]. International Journal of Electrochemistry，2015：1767.

[15]　Sun T，Xu B W，Cui Y F，et al. A sequential capacity estimation for the lithium-ion batteries combining incremental capacity curve and discrete Arrhenius fading model[J]. Journal of Power Sources，2021，484：229-248

[16]　Hunt G. FreedomCAR 功率辅助型混合电动车电池测试手册[EB/OL]. [2023-04-07]. https://www.doc88.com/p-7794029043578.html.

第3章 低温循环老化路径锂离子动力电池性能分析

3.1 锂离子动力电池老化机制

锂离子动力电池内部各个组分，从电池正负电极活性材料、隔膜、电解液到正负电极集流体、导电剂等，在电池使用过程中均会发生性能衰退；同时，在电池内部不同位置发生的电化学反应，如负极析锂、固体电解液界面（solid electrolyte interface，SEI）膜增长、集流体腐蚀等现象，这些都会对电池使用产生负面影响，如导致可用锂离子减少、电荷转移阻抗及欧姆阻抗增大等。以上因素导致电池的老化机制非常复杂[1]。

目前对电池老化的研究主要关注正负电极及电解液的老化，而电解液老化的影响又主要体现在与电极发生副反应的过程中，因此有文献也认为电池老化的主要现象来自电极老化[2]。

在锂离子嵌入与脱出石墨负极的过程中，负极会由于结构变化而承受一定的机械应力。由于石墨本身稳定的层状结构，这种应力对负极材料的老化影响很小。但当溶剂分子嵌入石墨，电解液在石墨负极中发生还原反应，导致石墨层脱落和粒子破裂时，负极材料的功能就会受到很大的影响。此外，负极各组分，如碳粒子、黏合剂与集流体等之间的接触损失会增加电池阻抗，发生在各组分的副反应如集流体氧化腐蚀等也会使电池内部的电子传导性能受到影响，从而造成电流和电势分布不均的现象[3]。

电极及电解液界面的变化是锂离子动力电池使用过程中负极老化的主要原因。在电池的首次充放电过程中，电解液会在负极表面发生还原反应，还原产物沉积在负极表面，形成一层钝化膜，即 SEI 膜。SEI 膜理论上为离子导体电子绝缘体且不溶于电解液溶剂，因此能够阻止溶剂分子与锂离子共嵌入负极，避免电极与电解液直接接触，从而有效地抑制电解液进一步分解。但实际情况中 SEI 膜并不能完全顺畅地传输离子和隔绝电子。

由于离子电导率的限制，SEI 膜的形成往往伴随着表面的锂沉积。即使在低电流密度下，SEI 膜表面上的小突起仍会生长成树枝状晶体（简称枝晶），导致 SEI 膜电阻不均匀[4]。锂枝晶的生长会使 SEI 膜增厚，甚至导致二次 SEI 膜的形成[5]。在低温下，SEI 膜的离子传导性会大大降低，锂离子往碳负极的嵌入受到影响，碳负极的极化程度增大，这会使 SEI 膜表面更容易形成沉积锂。沉积锂生长后可能会断裂并脱落，从而导致"死锂"的产生。当电流倍率增加时，沉积的锂会更快地演化成锂枝晶，这些锂枝晶会向隔膜方向生长并由于机械应力而最终刺穿隔膜，导致内短路[6]，严重时会引发爆炸，造成电池使用的安全问题。而在高温下，即使是很短的时间内，SEI 膜的组成也会发生不可逆的化学转变，其中的有机成分会转变为无机物。SEI 膜对电解液的透过率更高，更多的电解液与锂反应会增加 SEI 膜的厚度，同时也导致了锂离子的进一步消耗[7]。

对电池正极来说，随着电池的不断充放电，其结构特性会发生改变[8]。当用尖晶石结构的锰酸锂作为正极材料时，锂离子的嵌入和脱出使材料的摩尔体积发生变化，由此造成的相变现象会导致晶格失稳。电极组分如黏合剂和集流体会发生降解和氧化腐蚀现象；电解液会降解，正极的金属氧化物作为氧源会促进氧化反应的发生，在正极与电解液界面产生界面膜。岩盐结构的界面膜会阻碍锂离子的运动，增加电池的阻抗[3]。此外，当正极材料含有锰元素时，锰会溶解在电解液中，造成正极活性材料损失和容量衰减。

3.2　锂离子动力电池外特性老化分析方法

锂离子动力电池外特性老化分析方法可以分为三类，分别为解体分析法、原位在线分析法和外特性分析法。三种外特性老化分析方法的特点比较如表 3-1 所示[1]。①解体分析法就是将老化后的电池样品进行拆解，用材料分析的方法对电池组分进行分析，或是将拆解后的组分重新制作半电池，以此来获取正极、负极及隔膜等材料的物化性质，从而掌握电池的老化情况。这种方法可以直接观察电池内部，但是对电池会造成不可逆的破坏。②原位在线分析法，如原位 X 射线衍射（X-ray diffraction，XRD）技术，通常对实验设备要求高，其原位的特性可以现场、实时地反映电池内部的变化情况。③外特性分析法则是通过比较电池老化前后的参数特性，如充放电曲线、阻抗谱等的变化，来反映电池的老化特征变化情况。由于不对电池造成破坏性影响，外特性老化特征的获取也较为容易，所以是最为常用的老化分析方法，包括增量容量分析（incremental capacity analysis，ICA）法、差分电压分析（differential voltage analysis，DVA）法、概率密度函数（probability density function，PDF）法和电化学阻抗谱（electrochemical impedance spectroscopy，EIS）法等。电池老化反映在外特性上的特征主要是动力学阻抗增加和热力学容量衰减[1]。

表 3-1　三种外特性老化分析方法的特点比较

分析方法	优点	缺点	主要方法
解体分析法	直观、老化分析细化到电池组分	解体后无法恢复	扣电制作、物化分析
原位在线分析法	无破坏性、可以研究内部性能随时间的演化	实验设备昂贵、平台搭建困难	原位 XRD、中子射线技术
外特性分析法	无破坏性、可以研究老化随时间的演变	基于推测，需要结合解体方法验证	ICA、PDF、DVA、EIS 等

3.2.1　ICA 法和 DVA 法

　　ICA 法通过从常规的充放电电压曲线中获得容量增量曲线,从 IC 峰的变化中分析电化学特性[9]。ICA 法的优点是将涉及常规充放电电压曲线上一阶相变的电压平台转换为 dQ/dV 峰值,在容量增量曲线上可以清楚地识别出该峰值。ICA 法比传统的充电和放电曲线法具有更高的灵敏度,因此可以通过监视与分析 dQ/dV 峰的变化来建立电池的外部特性和内部电化学特性之间的对应关系。以磷酸铁锂锂离子动力电池充电过程为例,在锂离子嵌入石墨的过程中,C 到 LiC_6 的转化至少需要 5 个不同阶段的电化学反应过程。5 个反应中的每一个都对应一个电化学平衡相。而在正极,$LiFePO_4$ 和 $FePO_4$ 相互转化的可逆反应可以分为两个阶段,其中一个是非化学计量固溶体阶段,另一个是 Li_xFePO_4-$Li_{1-y}FePO_4$ 的伪二元相变阶段。伪二元相变阶段可能涉及电压平台上超过 95% 的容量变化。伪二元相变阶段在充电电压平台上能展现出明显的 IC 峰,而 $LiFePO_4$ 和 $FePO_4$ 对应的单相固溶体阶段不会显示出 IC 峰,因为大颗粒的正极在固溶体阶段只表现出非常有限的化学计量[9]。一般情况下,正极伪二元相变阶段对应的 IC 峰由罗马数字 Ⅱ 表示;而负极代表 C 和 Li 生成锂化合物过程的 IC 峰,按电压从高到低的顺序,分别用①~⑤表示。根据全电池小倍率实验的数据所获取的 IC 峰是正负极相变反应的综合体现,如图 3-1 所示。

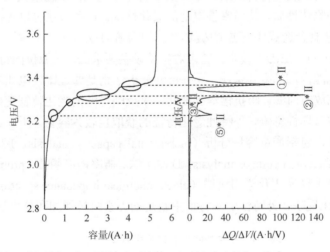

图 3-1　全电池小倍率充电过程对应的 IC 曲线

　　由图 3-1 中可以看出,清晰可见的峰为①*Ⅱ、②*Ⅱ和⑤*Ⅱ,③*Ⅱ的强度相对较小,峰④*Ⅱ更是无法被观察到(*代表对应的峰值)。由于测量过程中数据是离散的,所以可以采用 $\Delta Q/\Delta V$ 来代替 dQ/dV 值,如式(3-1)所示。

$$\frac{\mathrm{d}Q}{\mathrm{d}V} \approx \frac{\Delta Q}{\Delta V} = \frac{Q_t - Q_{t-1}}{V_t - V_{t-1}} \qquad (3\text{-}1)$$

式中，$Q_t - Q_{t-1}$ 表示相邻两个采样时刻容量的差值，单位为 A·h；$V_t - V_{t-1}$ 表示相邻两个采样时刻电压的差值，单位为 V。通常直接使用测试系统所得充电电压数据计算 IC 曲线，获取的 IC 曲线会有很大的噪声，如图 3-2（a）所示。文献[10]对 IC 曲线进行滤波来获得平滑的 V-$(\Delta Q/\Delta V)$ 曲线，如图 3-2（b）所示。文献[11]直接对电压曲线进行拟合或建模，以此来获得清晰准确的 IC 峰。作为一种非破坏性、易实现的老化分析方法，ICA 法被广泛地使用在各类老化分析与健康状态估计的研究中。Dubarry 等[12, 13]结合接近平衡-开路电压（close to equilibrium-open circuit voltage，CTE-OCV）法与 ICA 法，对工况下循环的锂离子电池进行了老化机理分析，认为容量衰减的主要原因来自活性锂的损失，其次是电极活性材料的损失。Kalogiannis 等[14]将 ICA 法的使用对象从电池单体扩展到了电池组，并且 IC 结果能够准确地反映单体电池的健康状况，但是电池在高压端的阻抗和温差会影响 ICA 法的结果。Jiang 等[15]采用 ICA 法对二次利用的锂离子动力电池进行了分析，基于各电池 IC 峰的不同特征，为二次利用电池的检测筛选提出了一致性评估的方案。Li 等[16]将高斯滤波后部分 IC 数据提取电池的健康指标作为基于高斯过程回归的电池衰退模型的输入数据。该模型的最大估计误差仅为 3%，但该模型的使用受限于电池的种类与老化条件。

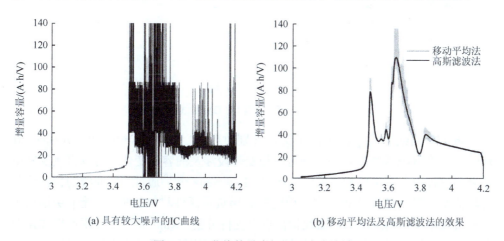

(a) 具有较大噪声的IC曲线　　　　　　(b) 移动平均法及高斯滤波法的效果

图 3-2　IC 曲线的噪声问题及滤波效果

　　由于锂离子动力电池的充放电过程存在电压平台，当测量系统选用较短采样间隔时，会出现 $V_t - V_{t-1}$ 为 0 的情况，此时 $\Delta Q/\Delta V$ 的值为无穷大。因此，文献[17]基于数理统计原理提出了 PDF 法，该方法很好地解决了上述问题，其原理将在 3.2.2 节详细叙述。

　　DVA 法与 ICA 法具有相同的本质，也是通过分析曲线的峰值特征变化来反映电池的老化情况。$Q\text{-}(\Delta V/\Delta Q)$曲线的峰值对应的是电池在充电过程中两个电化学平衡相之间的过渡阶段。其表达式与式（3-1）相比，仅仅是取了倒数的差别。在恒定电流充电的实验条件下，由于容量随着时间的变化是单调递增函数，因此不会存在$Q_t - Q_{t-1}$为 0 的情况，但同样存在差分电压（differential voltage，DV）曲线噪声大的问题。而DVA 法便是一种基于 DV 曲线进行分析的方法。DV 曲线获取公式如式（3-2）所示，其中变量含义与式（3-1）相同。充电过程的 DV 曲线如图 3-3 所示。

$$\frac{dV}{dQ} \approx \frac{\Delta V}{\Delta Q} = \frac{V_t - V_{t-1}}{Q_t - Q_{t-1}} \tag{3-2}$$

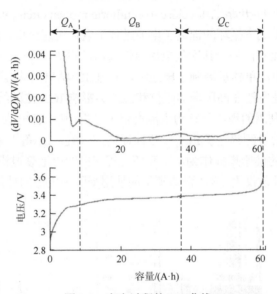

图 3-3　充电过程的 DV 曲线

将 DV 曲线分成 Q_A、Q_B 和 Q_C，分别对应 IC 曲线的⑤*Ⅱ、②*Ⅱ和①*Ⅱ峰[18]。三个区域的宽度表示的是对应相变阶段涉及的容量变化，可以直接反映电池老化过程中各个主要相变反应的状况。Lewerenz 等[19]通过 DV 曲线的特征形状与峰值来测量活性锂分布的均一程度和石墨负极活性材料损失。文献[19]指出可以通过放电电压曲线的 DV 曲线特征点来支持分析。Kato 等[20]在使用放电数据获取的 DV 曲线分析一种含 Mn 正极/石墨负极的商用锂离子动力电池时发现，由可逆锂损失导致的容量衰退会使LiC_{12}的相变过程对应的 DV 峰变得尖锐，同时还伴随着峰位置的偏移，这影响了对 DV 曲线的分析。偏移现象被认为是 LiC_6 向 LiC_{12}转化缓慢所致。也有一些研究采用 DV 曲线进行电池的荷电状态估计和健康状态估计[21-23]。贺元骅等[24]发现锂离子动力电池经过振动处理后 dV/dQ 曲线中特征峰向高容量方向发生偏移（向右侧偏移）且特征峰 1 形状特征变得更加尖锐，如图 3-4 所示。特征峰 1 发生偏移、变形的主要原因是负极的嵌锂量发生了变化。

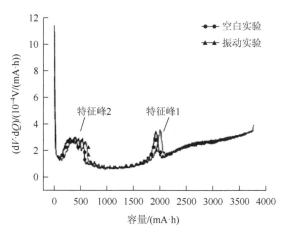

图 3-4　电压容量微分曲线

3.2.2　概率密度函数法

在获取 IC 或 DV 曲线过程中，不仅采样时刻的间隔大小会影响计算值，导致噪声，而且当遇到电压平台而采样间隔又较短时，还会出现相邻采样点电压相同的情况，如表 3-2 所示。此时，按照式（3-1）计算两点电压差 ΔV 为 0，$\Delta Q/\Delta V$ 就无法表示。尽管这种情况可以通过对电压曲线进行拟合来解决，但取得满意的拟合曲线需要强大的计算能力及精度较高的采样系统，因此离线使用时较为合适，而对于电池管理系统（battery management system，BMS）在线使用却难以实现。PDF 法能够提供一个更为简单的数据处理过程。

表 3-2　充电数据中电压平台处数据表

容量/(A·h)	电压/V	容量/(A·h)	电压/V	容量/(A·h)	电压/V	容量/(A·h)	电压/V
2.604	3.3147	···	3.3154	2.612	3.315	···	3.3154
2.605	3.3154	2.611	3.315	2.613	3.3154	2.616	3.3157

由于测量系统采样所得数据为离散的，采样时间设置为 t，单位为 s，且认为 δQ 与 δV 分别是最小的容量和电压间隔。最小容量间隔 $\delta Q = I \times t/3600$，单位为 A·h，其中，$I$ 为充电电流大小，单位为 A；最小电压间隔 δV 的单位为 V。对 δQ 和 δV 的说明如图 3-5（a）所示。为了便于推导，假设一个已知的电压序列 $V_{d,k}$，单位为 V，d 表示该序列为离散的数字量，k 表示该序列中元素对应的序号。同时假设一个容量序列 $Q_{d,n}$，单位为 A·h，d 的含义与电压序列中相同，n 表示容量序列中元素的序号。两个序列的通式分别如式（3-3）和式（3-4）所示。

$$V_{d,k} = V_0 + k \times \delta V, \quad k = 0, 1, 2, \cdots \tag{3-3}$$

$$Q_{d,n} = Q_0 + n \times \delta Q = Q_0 + ngIt/3600, \quad n = 0,1,2,\cdots \qquad (3\text{-}4)$$

式中，V_0 为充电电压初始值；Q_0 为初始容量，在充电情况下 $Q_0 = 0$。在充电过程中，某个时刻 t 采集的电压数字量 $V_d(t)$ 可以等于 $t+1$ 时刻采集的 $V_d(t+1)$，但 t 时刻采集的容量数字量 $Q_d(t)$ 不会等于 $t+1$ 时刻的 $Q_d(t+1)$。

对于含有电压平台的充电电压曲线来说，电压与容量满足一对多的单调函数关系 $Q = f(V)$。假设实际的模拟容量值为 Q_a，单位为 $A\cdot h$，测量电压值 V_d 有其对应的函数值 Q_a，即 $Q_a = f(V_d)$。对于实际的模拟电压值 V_a，单位为 $A\cdot h$，若满足式（3-5），则可以在已知电压序列中确定电压邻域 $(V_{d,k}, V_{d,k+1})$ 及其对应的容量邻域 $(Q_{a,k}, Q_{a,k+1})$，如式（3-6）所示。容量邻域边界值满足关系式（3-7），式中各个量之间的比较关系如图 3-5（b）所示。

$$\text{若} \ V_{d,k} < V_a \leqslant V_{d,k+1}, \quad \text{则} \ V_d = V_{d,k} \qquad (3\text{-}5)$$

$$Q_{a,k} = f(V_{d,k}), \quad Q_{a,k+1} = f(V_{d,k+1}) \qquad (3\text{-}6)$$

$$Q_{d,b} \leqslant Q_{a,k} < Q_{d,b+1} < Q_{d,u} \leqslant Q_{a,k+1} \leqslant Q_{d,u+1}, \quad u、k、b = 0,1,\cdots \qquad (3\text{-}7)$$

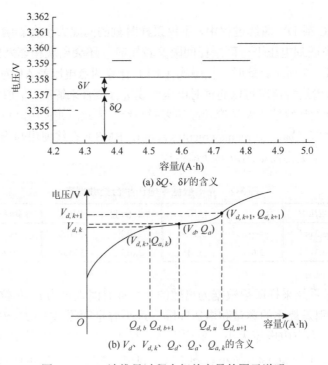

(a) δQ、δV 的含义

(b) V_d、$V_{d,k}$、Q_d、Q_a、$Q_{a,k}$ 的含义

图 3-5　PDF 法推导过程中相关变量的图示说明

因此，测量完成后 $V_{d,k}$ 的频数 N_k 满足式（3-8）。若将采样电压 V_d 的总数设为 L，则电压序列中元素 $V_{d,k}$ 的频率 p_k 为 N_k/L，如式（3-9）所示。本书认为 $V_{d,k}$ 的频率与概率相等。

$$N_k = u - b + 1 \tag{3-8}$$

$$p_k = N_k / L \tag{3-9}$$

对于 ICA 法来说，$V_{d,k}$ 处的 dQ/dV 值可以近似用式（3-10）来表示。经过推导，dQ/dV 值与概率 p_k 的关系如式（3-12）所示。

$$\frac{dQ}{dV}\Big|V_{d,k} = \frac{Q_{a,k+1} - Q_{a,k}}{V_{d,k+1} - V_{d,k}} = \frac{Q_{a,k+1} - Q_{a,k}}{\delta V} \tag{3-10}$$

又

$$(u-b-1)\frac{\delta Q}{\delta V} = \frac{Q_{a,u} - Q_{a,b+1}}{\delta V} < \frac{Q_{a,k+1} - Q_{a,k}}{\delta V} < \frac{Q_{a,u+1} - Q_{a,b}}{\delta V} = (u-b+1)\frac{\delta Q}{\delta V} \tag{3-11}$$

则

$$\frac{dQ}{dV}\Big|V_{d,k} \approx (u-b+1)\frac{\delta Q}{\delta V} = N_k\frac{\delta Q}{\delta V} = p_k L\frac{\delta Q}{\delta V} \tag{3-12}$$

δQ 由测量系统本身的采样精度及充电倍率大小决定，电压间隔 δV 是随着人为设定的电压序列 $V_{d,k}$ 而确定的。在测量系统的充电倍率确定后，L 取决于电池当前容量的大小，由于电池容量随着循环而衰减，所以 L 不是一个定值。式（3-12）所得的 dQ/dV 值可以采用当次的充入容量进行归一化，归一化后的 dQ/dV 值与概率密度 p_k 成正比，如式（3-13）所示。

$$\frac{1}{Q_{\mathrm{char}}}\frac{dQ}{dV}\Big|V_{d,k} \propto \frac{u-b+1}{L}\frac{\delta Q}{\delta V} = \frac{N_k}{L}\frac{\delta Q}{\delta V} = p_k\frac{\delta Q}{\delta V} \tag{3-13}$$

式中，Q_{char} 为充电电荷量。

采用 PDF 法所得 p_k 曲线与两点数值微分法得到的 $\Delta Q/\Delta V$ 曲线之间的比较如图 3-6 所示。由图中可以看出，$\Delta Q/\Delta V$ 曲线与 PDF 曲线中各峰位置相同，且峰值成比例。

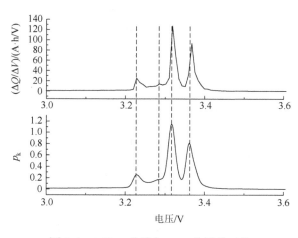

图 3-6 $\Delta Q/\Delta V$ 曲线与 PDF 曲线的对比

根据推导,PDF 法分析与传统 ICA 法/DVA 法具有相同的原理,因此采用 PDF 法进行 IC 分析也可以得出相同的结论。

3.2.3　EIS 法

EIS 法是一种用来分析电池动力学阻抗变化的研究手段。在电化学电池处于平衡状态下（开路状态）或者在某一稳定的直流极化条件下,将按照正弦规律施加小幅交流激励信号来研究电化学电池的交流阻抗随频率的变化关系的方法称为频域阻抗分析方法。也可以将利用固定频率测量电化学电池的交流阻抗随时间的变化关系的方法称为时间域阻抗分析方法。频域阻抗分析的原理是将给定频率 f 下的正弦小电流信号施加在被研究的电池上,可以得到一个近似正弦的电压信号响应,分别以复数 $u(f)$ 和 $i(f)$ 来表示上述正弦电压和电流,则该频率 f 下的复数阻抗可以表示为 $z(f)=\overline{u}(f)/\overline{i}(f)$。该复数阻抗的实部为 $\mathrm{Re}\{\overline{z}(f)\}$,虚部为 $\mathrm{Im}\{\overline{z}(f)\}$,模为 $|\overline{z}(f)|$,相角为 $\arg\{\overline{z}(f)\}$,都可以用来表示电池的特性。在一系列频率下测量的阻抗即为样品电池完整的 EIS。EIS 的测量时间较长,若采用中等或大的电流幅值,则会导致测量期间电池的 SOC 和温度产生较大变化,影响测量准确性。为了确保电压响应与电流激励之间近似的线性关系,同时也为了减小测量期间电流对电池状态的影响,一般施加在电池上的正弦电流激励幅值很小。

锂离子动力电池的基础研究中更多地采用频域阻抗分析方法。EIS 由于记录了电化学电池不同响应频率的阻抗,而一般测量覆盖了宽的频率范围（μHz 量级至 MHz 量级）,所以可以分析不同电极反应过程中反应时间常数存在的差异。典型的 EIS 曲线如图 3-7 所示,沿横轴负方向频率增加。

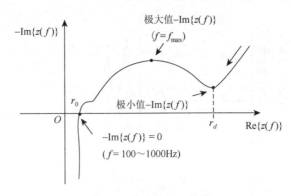

图 3-7　典型的 EIS 曲线

曲线中的一些特征点能够大致地描述电池的动力学特性。曲线与横轴的交点,即负虚部 $-\mathrm{Im}\{z(f)\}=0$ 的点对应的实部值 r_0,反映电池的欧姆内阻,负虚部取极小值的点对应的实部值 r_d 反映电池的全阻抗，即欧姆内阻＋极化阻抗，r_d 与大电流激励下所测的全阻抗的值很接近，对温度和 SOC 的依赖关系也相同，因为两者测量采用的电流激励幅值相差很大，而电池并不可简单地认为是一个纯电阻，因此不同电流幅值激励下的电压响应并不会线性变化[25]。如图 3-7 所示，在 $r_0<\mathrm{Re}\{z(f)\}<r_d$ 内，EIS 曲线有两个半圆弧。频率较高处的小半圆弧反映的是负极 SEI 膜及活性材料之间粒子的接触对电池阻抗的作用。而频率较低处的大半圆弧反映的则是界面电荷转移反应。当小半圆弧相对于大半圆弧很小时可以忽略，这种情况多见于新电池。这种情况下就可以把 r_d-r_0 作为电荷转移阻抗 R_{ct} 的一阶近似值。在负虚部达到极大值所对应的频率 $f=f_{max}$，或是时间常数 $\tau=(2\pi f_{max})^{-1}$，反映了电池电压响应的动态特性。当该频率越高或是时间常数越小，外加电流激励变化时，电压响应变化越慢。当 $\mathrm{Re}\{z(f)\}>r_d$ 时，EIS 是一条与锂离子在活性材料颗粒内部的固体扩散过程相关的斜线，斜率增加表明锂离子在活性材料颗粒内部的固体扩散阻力增大。

3.3　低温小倍率充放电循环老化路径设计

考虑到动力电池在实际使用中的使用环境和充电条件，为了研究其老化过程中的特性变化与机理，需要模拟相应的老化实验环境。为此对低温环境下锂离子动力电池的循环老化路径进行设计。

零下温度的循环实验采用恒流恒压的充电方式，为了突出指定的充电倍率（0.3C 和 0.5C）的影响，不同温度（-10℃和-20℃）下均采用 1/3 C 的放电倍率。零下温度的循环流程如图 3-8 所示，N 表示循环周期数。

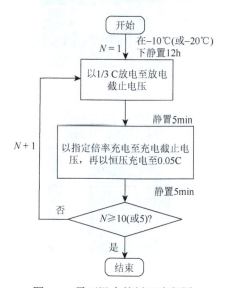

图 3-8　零下温度的循环流程图

3.3.1　实验平台搭建

本书采用的磷酸铁锂锂离子动力电池是标称容量为 5A·h 的圆柱形 32650 商用锂离子动力电池，其工作电压是 3.2V，充电和放电的截止电压分别是 3.65V 及 2.5V。直径为 (32.2±0.5)mm，高 (69.8±0.2)mm，质量约为 145g。实验电池的基本参数如表 3-3 所示。

表 3-3　实验电池的基本参数

实验电池参数	数值
工作电压/V	3.2
标称容量/(A·h)	5.0
充电截止电压/V	3.65
放电截止电压/V	2.5
最大持续充电电流/A	5
最大持续放电电流/A	12.5

电池实验测试平台如图 3-9 所示，主要由电池测试系统、软件系统、高低温交变湿热实验箱和便携式电化学工作站构成。其中，在电池测试系统中每通道电

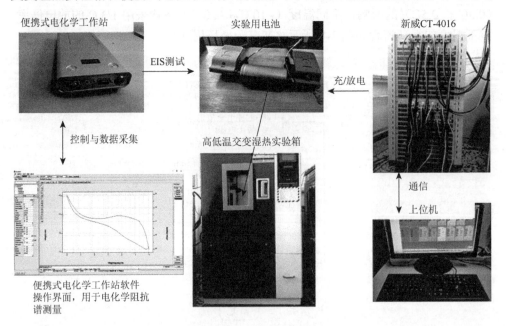

图 3-9　电池实验测试平台

压测量范围为 25mV～5V，精度为满量程的 0.1%，即 5mV。电流输出为 0.15～30A，精度能达到 0.03A。实验中采用电池测试系统来控制实验电池的循环倍率，以及进行循环间的性能测试实验。高低温交变湿热实验箱温度调节范围为–40～100℃，温度波动度在 ±0.5℃范围内，空载时温度均匀度 ≤2℃。能够模拟自然高温、低温、潮湿变化环境，实验中用于控制电热耦合老化路径中锂离子动力电池的循环温度条件。便携式电化学工作站电位范围为 ±10V，电流范围为 ±10nA～±10A，最小电流分辨率为 15pA，交流阻抗频率为 10μHz～1MHz。能够进行交流阻抗法、计时电流法和计时电位法、循环伏安线性扫描等多项电化学测试，具有腐蚀测量和电化学噪声测量等多项功能。实验中用于对满电荷状态的实验电池进行电化学阻抗谱测量。

3.3.2　老化过程中的性能测试实验

性能测试实验在室温下进行，包括容量测试、HPPC 测试和小倍率测试，以此来评估电池的关键性能。电池的实际容量由三个 1/3C 倍率充放电循环来确定，最后将一个循环的放电容量作为电池的当前容量。容量测试完成后，对充满电的电池进行 HPPC 测试，来确定全 SOC 区间（0%SOC～100%SOC）的电池阻抗。小倍率测试则是选取 0.05C 的充电倍率对放空的电池进行一次恒定电流（constant current，CC）充电，由于这个过程极化很小，所以能够探查电池微小且逐步改变的电化学特性。性能测试流程与电压电流曲线如图 3-10 和图 3-11 所示。

HPPC 测试的充放电脉冲被设置为 10s，放电和充电脉冲幅值均为 1C，同一 SOC 下充放电脉冲之间的间隔为 40s。HPPC 测试开始时，对满电的电池实施以下操作。

（1）施加一组充放电脉冲。

（2）静置 5min。

（3）将电池以 1/3C 倍率放去 10%电量。

（4）静置 1.5h。

（5）若此时 SOC 高于 10%，则返回步骤（1）；否则，进入下一步。

（6）对电池施加一组充放电脉冲。

（7）静置 5min。

（8）将电池以 1/3C 倍率放电至放电截止电压。

（9）施加一组充放电脉冲。

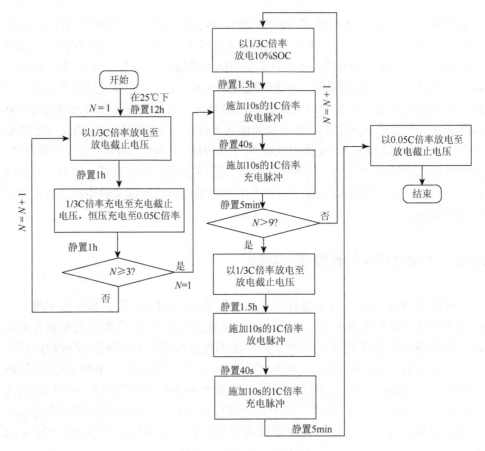

图 3-10　性能测试流程图

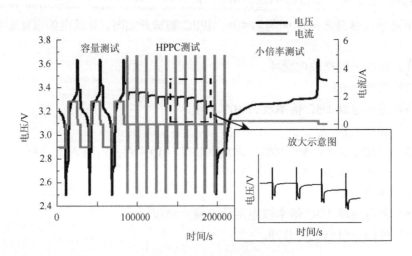

图 3-11　电压电流曲线图

3.3.3　老化过程中的电化学阻抗谱测试

在性能测试完成后，将满电状态的电池放置在常温下进行电化学交流阻抗
EIS 测试。EIS 测试采用恒电流频率扫描，在 0.1～1.5kHz 内取包括边界的 22 个
点，对电池施加相应频率的交流正弦电势波，来获取不同频率下交流电势与电流
的比值，即电池系统的阻抗响应。

EIS 测试过程如图 3-12 所示，基本步骤如下。

（1）通过波形发生器产生一个小幅正弦电势信号。

（2）经过恒电位仪的控制调节，把信号施加在实验电池上。

（3）将输出的电流/电势信号进行转换。

（4）将转换后的信号经由锁相放大器或频谱分析仪输出阻抗模量或相位角。

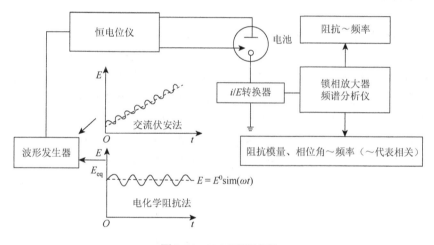

图 3-12　EIS 测试过程

3.4　低温小倍率充放电对锂离子动力电池性能的影响

3.4.1　容量衰减影响

图 3-13 为三节锂离子动力电池在低温环境不同充电倍率情况下的电池容
量衰减情况。由图 3-13 可以看出，衰减最快的 1 号和 3 号电池仅用了不到 40
次就衰减到了美国先进电池联盟所规定的寿命终止（end of life，EOL），即初
始容量的 80%。衰减最慢的 2 号电池容量也在 100 次循环后衰减到了初始容量
的 83.9%。

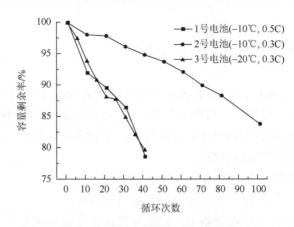

图 3-13　实验电池的容量衰减情况

3.4.2　阻抗影响

　　电池阻抗是除去可用容量外，衡量电池健康状态的又一指标，也是反映锂离子在电池内部传输转移难易程度的重要参数。全阻抗包括欧姆内阻与极化阻抗。电流激励施加在欧姆内阻上所产生的响应是即时的，而极化内阻上的响应会有所延迟，这是由于电极活性材料固相中参与化学反应的锂离子扩散速率小于化学反应速率。欧姆内阻即直流内阻（direct current internal resistance，DCIR），与温度、电流倍率、SOC 和电池健康状态（state of health，SOH）等有关。为了方便比较，取不同循环次数下各节电池在 50%SOC 的 DCIR 值来表示 DCIR 的变化情况，如图 3-14 所示。

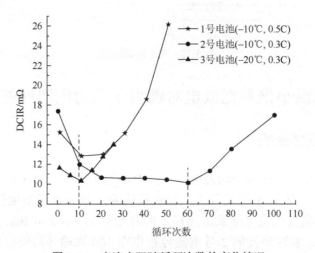

图 3-14　直流内阻随循环次数的变化情况

由图 3-14 可以看出，所有实验电池的 DCIR 变化趋势随着循环次数的变化情况可以分为先下降后上升两个阶段。零下温度条件下 1 号电池和 3 号电池的转折点均出现在第 10 次循环前后，而 2 号电池则出现在第 60 次循环前后。相比于直流内阻，电化学阻抗谱能够反映更详细的电池动力学特性变化情况。部分电池的电化学阻抗谱随着循环次数增加的变化如图 3-15 所示。

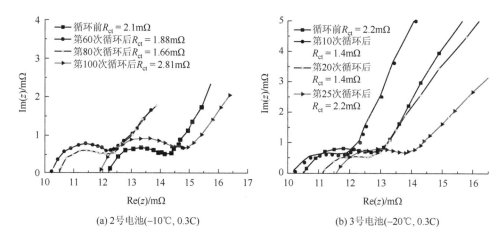

(a) 2 号电池(–10℃, 0.3C)　　　　　　(b) 3 号电池(–20℃, 0.3C)

图 3-15　部分电池的电化学阻抗谱随着循环次数增加的变化

由图 3-15 可以看出，2 号电池从第 80 次循环到第 100 次循环后，电荷转移阻抗 R_{ct} 增加了 1.15mΩ。3 号电池在第 20 次循环后，电荷转移阻抗 R_{ct} 相比于第 10 次循环后无明显变化，但实部阻抗 Re(z) 却在增加。直到第 25 次循环后，R_{ct} 才重新增加，并且相比于 20 次循环后，R_{ct} 增加了 0.8mΩ。

电极的 SEI 膜或活性材料粒子之间的接触对阻抗的影响较小。随着循环的进行，电解液在 SEI 膜上发生的副反应又导致 SEI 膜增厚，使阻抗逐步增加。零上温度的电荷转移阻抗变化表明，正极材料在高温循环下仍然保持较为稳定的性能，而在零下温度下，负极 SEI 膜增厚的发生早于正极材料老化。

3.4.3　循环过程概率密度函数分析

根据文献[26]对 PDF 法的介绍，概率密度 p_k 即可反映容量增量曲线的变化。为此，采用 PDF 法开展电池老化的分析。图 3-16 为不同温度和循环倍率条件下的 PDF 峰。

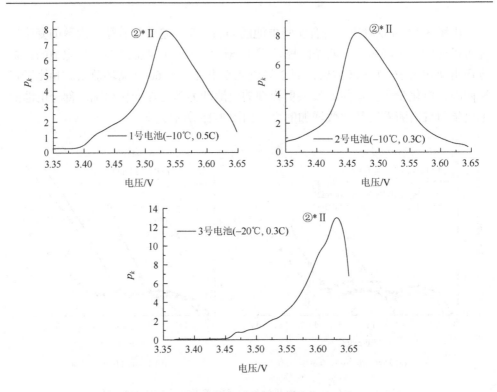

图 3-16　不同温度和循环倍率条件下的 PDF 峰

　　由图 3-16 可以看出，实验温度与循环倍率对电池的 PDF 峰完整程度都有很大影响。在零下温度的情况下，电解液的电导率下降，锂离子的移动受阻碍，各组分之间的化学反应速率下降，导致各反应之间重合程度更高，因此仅仅能够观察到②*Ⅱ峰。在-10℃下，仅仅 0.2C 的倍率增量就导致了约 0.05V 的②*Ⅱ峰位置后移，倍率的极化影响被低温放大，而-20℃下的情况与循环倍率同为 0.3C 的-10℃情况相比，②*Ⅱ峰位置更是移动到了接近充电截止电压处。

　　图 3-17 为各节电池循环过程中 PDF 曲线②*Ⅱ峰位置电压偏移和峰值的变化情况，其中峰位置电压偏移指某一次的峰位置电压与峰位置电压趋势线截距之差占趋势线截距的百分比。由图 3-17 可以看出，峰位置的电压偏移与峰值都呈线性变化。在某个峰范围内，PDF 峰达到峰值对应着某一相变阶段达到两相共存的相平衡状态，峰值表示达到相平衡时所涉及的容量变化在本次充电总容量中的占比。峰位置电压反映的是相变阶段对电压的响应时延程度。充电过程中峰位置电压越低，说明相变反应对电压的响应时延越小，达到相平衡状态越快。倘若充电总容量很小，则峰可能出现失真的情况，无法正确地反映相变阶段的实际情况。

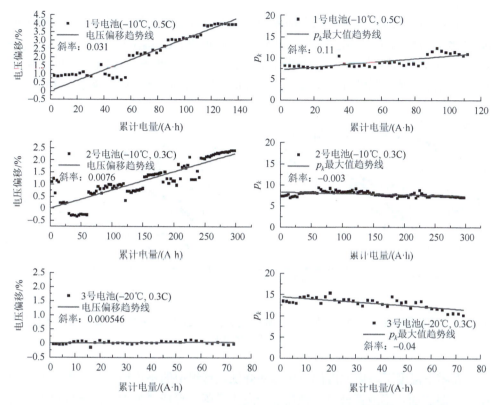

图 3-17　各节电池循环过程中 PDF 曲线②*Ⅱ峰位置电压偏移和峰值的变化情况

3.4.4　锂离子动力电池析锂状态分析

在零下温度下，由于电池内部的离子传输性能变差，在电解液/电极界面移动受阻，充电过程中锂离子容易在负极表面 SEI 膜上堆积，而充电倍率较大时，大量的锂离子在电场作用下移动到负极表面，当锂离子浓度在固-液界面达到饱和时，锂离子同样会在 SEI 膜表面堆积。上述两种情况都会在 SEI 膜的表面形成锂镀层。

一部分锂镀层随着放电或静置会重新变为活性的锂离子，参与到正负极的脱嵌运动之中，而另一部分则是与电解液发生反应生成副产物，或是与负极失去电连接，在电解液中成为漂浮的碎片锂，即“死锂”。这一部分锂镀层的转变对电池的容量造成了不可逆的损失。文献[27]将一次充电循环中的充入容量 Q_{ch} 与放出容量 Q_{dc} 之差，即不可逆容量 $Q_{irreversible.plating}$（$Q_{irreversible.plating}=Q_{ch}-Q_{dc}$）作为该部分不可逆的锂镀层所造成的容量损失，但是对于 $Q_{ch}<Q_{dc}$ 的情况，两者之差为负数，就无法再对不可逆的锂镀层进行描述。

　　本节从能量的角度来研究该部分不可逆的锂镀层的变化，将一次循环中充电能量 W_{ch} 与放电能量 W_{dc} 之差，即不可逆能量 $W_{irreversible.plating}$（$W_{irreversible.plating} = W_{ch} - W_{dc}$）作为不可逆部分造成的能量损失。零下温度各节电池的不可逆能量 $W_{irreversible.plating}$ 及其能量占比 $W_{irreversible.plating}/W_{ch}$ 随着循环次数的变化如图 3-18 所示。

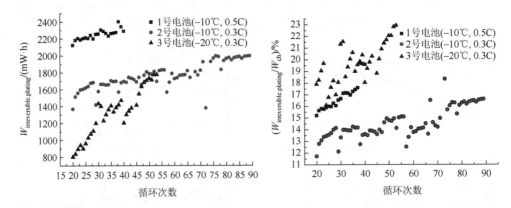

图 3-18　零下温度各节电池的不可逆能量 $W_{irreversible.plating}$ 及其能量占比 $W_{irreversible.plating}/W_{ch}$ 随着循环次数的变化

　　在零下温度下，电池内部反应速率降低，锂镀层的不可逆部分大多持续堆积在 SEI 膜表面，形成锂枝晶。锂枝晶会发生脱落，形成"死锂"，造成更大的活性锂损失。由电池的阻抗分析来看，锂镀层与电解液的反应副产物大多累积在 SEI 膜上，造成 SEI 膜的快速增厚与离子透过率严重下降，老化后期的阻抗明显增加。经过少量的循环后，增厚的 SEI 膜进一步阻碍了锂离子在负极的嵌入，使锂枝晶的厚度增加。当温度降低时，在相同的倍率下，初期形成的锂枝晶较少，但 SEI 膜的增厚更为迅速，使锂枝晶和"死锂"增加更快，当 3 号电池达到 EOL 时，$W_{irreversible.plating}$ 增加了约 1.25 倍。当倍率增加时，加剧了低温下的离子堆积，因此形成的锂枝晶更多。

　　电池的能量效率为 W_{dc}/W_{ch}，也可以表示为 $1 - W_{irreversible.plating}/W_{ch}$。能量效率越高，反映负极的嵌/脱锂性能越强。因此，随着循环次数的增加，能量占比 $W_{irreversible.plating}/W_{ch}$ 与负极嵌/脱锂性能负相关。在零下温度下，随着电池达到 EOL，各节电池的 $W_{irreversible.plating}/W_{ch}$ 有显著增加，这说明嵌/脱锂的性能出现了明显下降。结合对 $W_{irreversible.plating}$ 的分析，可知零下温度下，负极嵌/脱锂性能下降是 SEI 膜的增厚所导致的。

　　对于零下温度的循环条件来说，极低的温度会使锂离子在电池内部移动困难，并且在电解液与界面处的传输受阻，化学反应的阻力大增，导致恒流充入容量在比较低的水平。此外，锂离子在碳负极表面的聚集与沉积会直接影响碳负极的嵌锂过程与可嵌入锂离子的数量，从而降低负极嵌锂的相平衡阶段的容量占比。如图 3-18 所示，随着倍率增加，零下温度的电压偏移程度明显增加，到–20℃的 3 号电池充入容量与–10℃的电池相比在一个极低的水平，因此 PDF 峰已失真，峰位置无明显变化且峰值虚高。但考虑到 3 号电池的可充入容量水平并未下降，所以认为峰值的变化趋势仍然可信。在–20℃下，电池的主要相变反应涉及的容量减小快于–10℃的情形。

从 0.5C 倍率的 1 号电池的情况来看，在达到 EOL 之前，虽然电压偏移程度较 0.3C 倍率的 3 号电池要大，但恒流可充入容量在整个老化阶段后期并无明显减少，如图 3-19 所示，PDF 峰值也没有下降的迹象。这说明 0.5C 倍率造成了相变反应响应的明显时延，但对反应的容量占比影响不大。在极低温度下，增大倍率的影响主要体现在减缓相变反应上[28]。

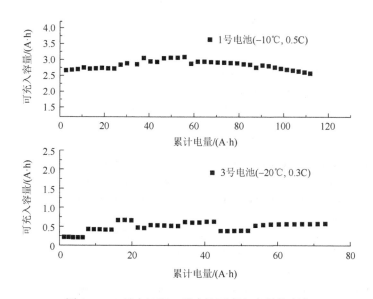

图 3-19　1 号电池和 3 号电池可充入容量的变化

3.5　本 章 小 结

本章对商用 32650 的磷酸铁锂锂离子动力电池进行了低温环境不同充电倍率老化路径下衰减机理的研究。从电池的参数特性、老化特性两个方面分析了电池的老化过程，揭示了低温小电流倍率循环路径下动力电池的老化机理。

由阻抗参数的分析可知，该种商用电池在循环初期，电极的 SEI 膜或活性材料粒子之间的接触对阻抗的影响减弱。随着循环进行，SEI 膜增厚使阻抗逐步增加。零下温度的实部阻抗和电荷转移阻抗 R_{ct} 的变化反映了负极 SEI 膜增厚的发生早于正极材料老化。

循环过程的 PDF 峰特征说明，零下温度对电池循环有严重的极化作用，零下温度下增加倍率的影响主要体现在减缓相变反应上。

不可逆能量 $W_{irreversible,plating}$ 的变化说明，在零下温度下，锂镀层的不可逆部分消耗在 SEI 膜表面的枝晶生长上；增大倍率会加剧锂枝晶的形成，而降低温度则会加快 SEI 膜的增厚速度。结合能量占比 $W_{irreversible,plating}/W_{ch}$ 的变化则进一步说明负极嵌/脱锂性能下降是 SEI 膜的增厚所导致的。

参 考 文 献

[1]　宋杨，苏来锁，王彩娟，等. 锂离子电池老化研究进展[J]. 电源技术，2018，42（10）：1578-1581.

[2]　Barré A，Deguilhem B，Grolleau S，et al. A review on lithium-ion battery ageing mechanisms and estimations for automotive applications[J]. Journal of Power Sources，2013，241（11）：680-689.

[3]　Vetter J，Novák P，Wagner M R，et al. Ageing mechanisms in lithium-ion batteries[J]. Journal of Power Sources，2005，147（1/2）：269-281.

[4]　Ansean D，Gonzalez M，Viera J C，et al. Fast charging technique for high power lithium iron phosphate batteries：A cycle life analysis[J]. Journal of Power Sources，2013，239：9-15.

[5]　Attia P M，Das S，Harris S J，et al. Electrochemical kinetics of SEI growth on carbon black：Part Ⅰ：experiments[J]. Journal of the Electrochemical Society，2019，166（4）：E97-E106.

[6]　Lópeza C M，Vaughey J T，Dees D W. Insights into the role of interphasial morphology on the electrochemical performance of lithium electrodes[J]. Journal of the Electrochemical Society，2012，159（6）：A873-A886.

[7]　Zhang H T，Wang D Y，Shen C. In-situ EC-AFM and ex-situ XPS characterization to investigate the mechanism of SEI formation in highly concentrated aqueous electrolyte for Li-ion batteries[J]. Applied Surface Science，2020，507（30）：145059.

[8]　吴怡芳，白利锋，王鹏飞，等. 锂离子电池正极材料研究[J]. 电源技术，2019，43（9）：1547-1550.

[9]　马泽宇，姜久春，王占国，等. 基于容量增量分析的石墨负极磷酸铁锂电池 SOC 估算方法研究[J]. 汽车工程，2014（12）：1439-1444.

[10]　Li Y，Abdel-Monem M，Gopalakrishnan R，et al. A quick on-line state of health estimation method for Li-ion battery with incremental capacity curves processed by Gaussian filter[J]. Journal of Power Sources，2018，373：40-53.

[11]　Christophersen J P，Shaw S R. Using radial basis functions to approximate battery differential capacity and differential voltage[J]. Journal of Power Sources，2010，195（4）：1225-1234.

[12]　Dubarry M，Svoboda V，Hwu R，et al. Capacity and power fading mechanism identification from a commercial cell evaluation[J]. Journal of Power Sources，2007，165（2）：566-572.

[13]　Dubarry M，Liaw B Y. Identify capacity fading mechanism in a commercial LiFePO₄ cell[J]. Journal of Power Sources，2009，194（1）：541-549.

[14]　Kalogiannis T，Stroe D I，Nyborg J，et al. Incremental capacity analysis of a lithium-ion battery pack for different charging rates[J]. ECS Transactions，2017，77（11）：403-412.

[15]　Jiang Y，Jiang J C，Zhang C P，et al. Recognition of battery aging variations for LiFePO₄ batteries in 2nd use

applications combining incremental capacity analysis and statistical approaches[J]. Journal of Power Sources，2017，360（31）：180-188.

[16] Li X Y，Yuan C G，Li X H，et al. State of health estimation for Li-ion battery using incremental capacity analysis and Gaussian process regression[J]. Energy，2020，190（1）：116467.1-116467.28.

[17] Feng X Q，Li J N，Ouyang M G，et al. Using probability density function to evaluate the state of health of lithium-ion batteries[J]. Journal of Power Sources，2013，232（18）：209-218.

[18] Han X B，Ouyang M G，Lu L G，et al. A comparative study of commercial lithium ion battery cycle life in electrical vehicle：Aging mechanism identification[J]. Journal of Power Sources，2014，251（1）：38-54.

[19] Lewerenz M，Marongiu A，Warnecke A，et al. Differential voltage analysis as a tool for analyzing inhomogeneous aging：A case study for LiFePO$_4$ vertical bar graphite cylindrical cells[J]. Journal of Power Sources，2017，368（15）：57-67.

[20] Kato H，Kobayashi Y，Miyashiro H. Differential voltage curve analysis of a lithium-ion battery during discharge[J]. Journal of Power Sources，2018，398（15）：49 54.

[21] Zheng L F，Zhu J G，Wang G L，et al. Differential voltage analysis based state of charge estimation methods for lithium-ion batteries using extended Kalman filter and particle filter[J]. Energy，2018，158（15）：1028-1037.

[22] Wang L M，Pan C F，Liu L，et al. On-board state of health estimation of LiFePO$_4$ battery pack through differential voltage analysis[J]. Applied Energy，2016，168（15）：465-472.

[23] Liu G M，Ouyang M G，Lu L G，et al. Online estimation of lithium-ion battery remaining discharge capacity through differential voltage analysis[J]. Journal of Power Sources，2015，274（1）：971-989.

[24] 贺元骅，郭君，王海斌，等. 振动环境对锂离子电池热失控危险性的影响[J]. 科学技术与工程，2020，20（29）：12242-12246.

[25] Waag W，Kaebitz S，Sauer D U. Experimental investigation of the lithium-ion battery impedance characteristic at various conditions and aging states and its influence on the application[J]. Applied Energy，2013，102：885-897.

[26] Uhlmann C，Illig J，Ender M，et al. In situ detection of lithium metal plating on graphite in experimental cells[J]. Journal of Power Sources，2015，279：428-438.

[27] Bitzer B，Gruhle A. A new method for detecting lithium plating by measuring the cell thickness[J]. Journal of Power Sources，2014，262：297-302.

[28] Wu X G，Wang W，Du J Y. Effect of charge rate on capacity degradation of LiFePO$_4$ power battery at low temperature[J]. International Journal of Energy Research，2019，44（3）：1775-1788.

第4章 锂离子动力电池直流放电预热方法

在低温条件下，当锂离子动力电池剩余电量较高时，可以采用直流放电的方法，利用电池自身的内阻损耗产生热量，实现电池的预热。本章从该角度出发，以锂离子动力电池作为对象，开展优化直流放电电流实现电池低温预热的研究。

4.1 锂离子动力电池性能测试及等效电路模型参数辨识

本书该部分研究内容选取的实验对象是额定容量为 5A·h、型号为 32650 的锂离子动力电池，电池实物如图 4-1 所示，电池参数如表 4-1 所示。测试工作的开展依托第 3 章介绍的实验平台。

图 4-1 电池实物图

表 4-1 电池参数

电池参数	数值
额定容量/(A·h)	5
额定电压/V	3.2
充电截止电压/V	3.65
放电截止电压/V	2.5
放电温度范围/℃	−20~60
循环寿命/次	>2000

4.1.1　锂离子动力电池容量测试

参考静态容量测试，分别选取–10℃、–5℃、0℃、5℃及 25℃作为测试的目标温度，按照电池规格书指定的放电电流，将满电状态下的电池放电至放电截止电压，将电池在此过程中实际放出的电量的平均值作为当前温度下的电池容量。在不同的环境温度条件下电池容量测试的具体实验步骤如下。

（1）设定恒温箱为 25℃，将电池放置于其中并静置 6h。

（2）按照电池规格书中规定的放电电流将电池放电至放电截止电压，静置 2h。

（3）按照电池规格书中规定的充电电流对电池进行恒流充电至充电截止电压，然后转为恒压充电直至充电电流减小到充电截止电流，此时的电池状态被视为满电状态。

（4）将恒温箱设定为目标温度，令电池在恒温箱中静置 6h。

（5）按照电池规格书中规定的放电电流将电池放电至放电截止电压，将电池在此过程中放出的电量作为该条件下的电池容量。

（6）重复三次步骤（3）～（5）并求三次放电容量的平均值。

（7）重复上述步骤，完成不同目标温度下的电池容量测试。

根据上述具体实验过程，完成了针对本节所用的实验电池在不同温度条件下的容量测试，结果如图 4-2 所示。

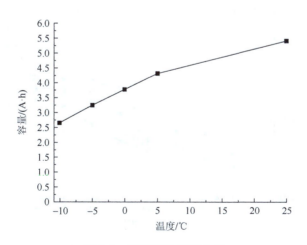

图 4-2　电池容量-温度曲线

由图 4-2 可知，随着温度降低，电池容量逐渐减小，当环境温度为 25℃时，电池实际容量为 5.4A·h，略高于电池的额定容量，当温度为 5℃时电池容量为 4.3A·h，比常温时的电池容量减小了 20.37%，随着温度降低，电池容量呈线性减小趋势，温度每降低 5℃，电池容量减小 0.55A·h 左右，当温度降低到−10℃时，电池的实际容量不到常温时的 50%。由此可见，电池容量受温度的影响较大，以至于电池在低温环境下无法正常工作。

4.1.2　锂离子动力电池开路电压测试

充电状态下的电池开路电压测试的具体步骤如下。

（1）将恒温箱设定为目标温度，使电池在恒温箱中静置 6h。

（2）将电池以 1/3C 倍率恒流放电至截止电压，静置 5h，测试其端电压，以此值作为 SOC = 0%时的开路电压值。

（3）使用恒流-恒压（constant current-constant voltage，CC-CV）策略对电池进行充电操作（其中，恒流阶段电流为标准电流 1/3C 倍率，CV 阶段充电电流逐渐下降至 1/20C 倍率），截止条件是充入容量为 10%的最大可用容量或者充电电流下降至充电截止电流，静置 5h 并测试其端电压值。

（4）跳到步骤（2）循环进行步骤（2）和步骤（3）直到电池充满。

本书基于上述开路电压测试实验，得到电池在不同温度下的 SOC-OCV 曲线，如图 4-3 所示。

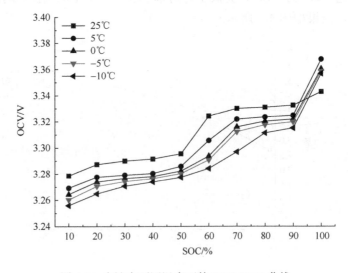

图 4-3　电池在不同温度下的 SOC-OCV 曲线

由图 4-3 可以看出，在 10%~50%的 SOC 范围内，电池 SOC 每增加 10%，电池开路电压平均增加 5mV，当 SOC 大于 50%SOC 时，电池开路电压的增加速度明显增加，在 SOC 从 90%增加到 100%的过程中，电池开路电压迅速增加，增长幅度为 40mV 左右。另外，电池开路电压随着温度降低而逐渐下降，平均下降速度为 0.6mV/℃左右。因此，可以得出电池 SOC 对开路电压的影响程度明显大于环境温度对开路电压的影响程度。

4.1.3 锂离子动力电池等效电路模型的参数辨识

在对电池充放电过程进行建模分析时通常使用戴维南（Thevenin）等效电路模型[1]。

递推最小二乘法[2]是参数估计领域中一种重要的估计方法，根据所建立的 Thevenin 等效电路模型，通过递推最小二乘法可对锂离子动力电池建立数学模型：

$$E(s) = U_{\mathrm{OCV}}(s) - \left(\frac{R_p}{R_p C_p s + 1} + R_r \right) I(s) \tag{4-1}$$

令观测输出 $y(s) = U_{\mathrm{OCV}}(s) - E(s)$，输入为 $I(s)$，则模型的传递函数为

$$Y(s) = \frac{R_r R_p C_p s + (R_r + R_p)}{R_p C_p s + 1} I(s) \tag{4-2}$$

令采样周期 $T = 1\mathrm{s}$，将式（4-2）转化为差分方程：

$$
\begin{aligned}
U_{\mathrm{OCV}}(k) - E(k) = {} & \frac{R_p C_p}{R_p C_p + T} \left(U_{\mathrm{OCV}}(k-1) - E(k-1) \right) \\
& + \frac{R_r R_p C_p + R_p + R_r}{R_p C_p + T} I(k) - \frac{R_r R_p C_p}{R_p C_p + T} I(k-1)
\end{aligned} \tag{4-3}
$$

通过将不同温度下各 SOC 的电流脉冲和电压响应代入式（4-3），最终实现电池等效电路模型参数的识别，等效电路模型参数辨识结果如图 4-4 所示。

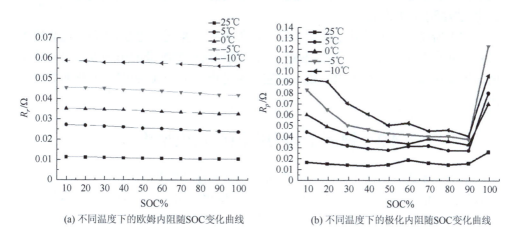

(a) 不同温度下的欧姆内阻随SOC变化曲线　　(b) 不同温度下的极化内阻随SOC变化曲线

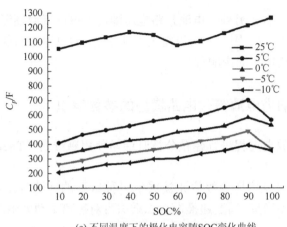

(c) 不同温度下的极化电容随SOC变化曲线

图 4-4　等效电路模型参数辨识结果

由图 4-4 可知，恒定温度下的所选电池欧姆内阻在整个 SOC 范围内都基本保持恒定，常温下的欧姆内阻为 0.01Ω 左右，随着温度的逐渐降低，欧姆电阻逐渐增加，温度每降低 5℃，欧姆内阻增加 10mΩ 左右，由此可知，电池欧姆内阻主要受温度影响，并且基本不受电池 SOC 变化的影响。恒定温度下所选电池极化内阻随着 SOC 的变化而改变，在电池 SOC 两端，电池极化内阻变化较快且阻值较高，当电池处于 SOC 中间范围时，极化内阻相对平缓且阻值较低。另外，电池极化内阻还受环境温度影响，环境温度每降低 5℃，极化内阻增加 7mΩ 左右。当电池在常温时的极化电容随 SOC 的变化呈波浪式上升，当电池温度为–10～5℃时，极化电容在整个 SOC 范围内的变化趋势基本一致，在 SOC 从 10% 增加到 90% 的过程中，极化内阻逐渐增加，到达 90%SOC 时达到最大值，之后，随着 SOC 的继续增加，极化电容呈下降趋势。另外，极化电容受环境温度的影响较大，环境温度每降低 5℃，极化电容减小 80F 左右。

综上所述，电池等效电路模型中的内部参数主要受电池 SOC 和环境温度的影响，并且电池 SOC 和环境温度对不同等效电路模型参数的影响程度也有所不同。因此在建立电池等效电路模型时应同时考虑电池 SOC 和温度变化两方面的因素。

4.2　锂离子动力电池产热模型构建

本节主要研究锂离子动力电池在低温环境下的产热模型，结合电池生热功率和对外部环境的散热功率，从能量守恒的角度考虑，将锂离子动力电池看作一个均匀的热源模型，从而建立电池的温升模型，对电池的温度变化进行预测。

4.2.1　锂离子动力电池温升模型

电池产生的热量可以分为不可逆热和可逆热，其中不可逆热包括焦耳热与浓差极化产热[3]，可逆热又称为反应热[4]，是电化学反应进行时为了维持整个反应的能量平衡而吸收和释放的那部分能量。文献[5]中选取的电池生热模型为

$$Q_t = Q_J + Q_r = I(E - U_{\text{ocv}}) + IT\frac{\partial U_{\text{ocv}}}{\partial T} \tag{4-4}$$

式中，电流充电时方向为正，放电时方向为负；E 为电池在充放电时的端电压；U_{ocv} 为电池的开路电压；Q_t 为在充放电过程中的总产热功率；Q_J 为不可逆热的产热功率，表示电流通过欧姆电阻时的产热功率与物质转移时浓度差异的产热功率之和；Q_r 为反应热的产热功率，反应热取决于电池的充放电电流和有效的熵势。熵势受电池 SOC 的影响较大，并且随着不同的化学成分而变化[6]。在对电池进行充放电的过程中，电流流过电池内阻时内阻两端产生的电压是导致电池端电压与开路电压之间存在差异的主要原因[7]。

$$Q_J = I(E - U_{\text{ocv}}) = I^2 R_r + I_p^2 R_p \tag{4-5}$$

锂离子动力电池的温升受产热、热传导和热扩散三者共同作用的影响[8]。电池在低温条件下工作不仅会产生热量，而且还会对外界环境产生热辐射和热对流，从而消耗一部分热量，其中热辐射耗散的热量相对于热对流耗散的热量很小，因此可以忽略不计[9]。电池与外界环境热对流时的耗散功率为

$$Q_{\text{dis}} = -hA(T - T_\infty) \tag{4-6}$$

式中，h 为等效热转移系数；A 为电池表面积；T 为电池温度；T_∞ 为环境温度。

综上，电池在加热过程中的热平衡方程为

$$mc\frac{\mathrm{d}T}{\mathrm{d}t} = Q_J + Q_r + Q_{\text{dis}} = I^2 R_r + I_p^2 R_p + IT\frac{\partial U_{\text{ocv}}}{\partial T} - hA(T - T_\infty) \tag{4-7}$$

式中，m 为电池质量；c 为电池比热容。由式（4-7）可知，电池的总生热率与电流、电阻、熵势、等效热转移系数及电池温度有关。因此，电流和电阻越大，电池生热率越大；等效转移系数与电池温度越高，电池的热耗散越多，电池的总生热率越小。为此，本书在建立电池温升模型时考虑了电池加热过程中因电池温度和 SOC 变化而引起的电池内阻及熵变系数变化，以保证温升模型的精确性。

根据式（4-7），可以得到关于电池温度的线性微分方程：

$$\frac{\mathrm{d}T(t)}{\mathrm{d}t} = \left(\frac{I\frac{\partial U_{\text{ocv}}}{\partial T}}{mc} - \frac{hA}{mc}\right)T(t) + \frac{I^2 R_r}{mc} + \frac{I_p^2 R_p}{mc} + \frac{hAT_\infty}{mc} \tag{4-8}$$

式中，t 为当前时刻。

将式（4-8）的连续时间系统进行离散化处理。在一个采样周期内对式（4-8）

左右两边都进行拉普拉斯变换，则可以表示为

$$sT(s) - T(t_0) = \left(\frac{I \dfrac{\partial U_{OCV}}{\partial T}}{mc} - \frac{hA}{mc} \right) T(s) + \left(\frac{I^2 R_r}{mc} + \frac{I_p^2 R_p}{mc} + \frac{hAT_\infty}{mc} \right) \frac{1}{s} \quad (4\text{-}9)$$

式中，t_0 为初始时刻。在 T_0 周期采样条件下，$t_0 = kT_0$，$t = (k+1)T_0$，$k = 0, 1, 2, \cdots$，则式（4-9）可以改写成

$$sT(s) - T(kT_0) = \left(\frac{I \dfrac{\partial U_{OCV}}{\partial T}}{mc} - \frac{hA}{mc} \right) T(s) + \left(\frac{I^2 R_r}{mc} + \frac{I_p^2 R_p}{mc} + \frac{hAT_\infty}{mc} \right) \frac{1}{s} \quad (4\text{-}10)$$

经过整理可以得到

$$T(s) = \frac{T(kT_0)}{s + \dfrac{hA - I \dfrac{\partial U_{OCV}}{\partial T}}{mc}} + \frac{1}{s \left(s + \dfrac{hA - I \dfrac{\partial U_{OCV}}{\partial T}}{mc} \right)} \cdot \left(\frac{I^2 R_r + hAT_\infty}{mc} + \frac{I_p^2 R_p}{mc} \right) \quad (4\text{-}11)$$

对式（4-11）进行拉普拉斯逆变换，得到

$$T((k+1)T_0) = e^{-\frac{hA - I \frac{\partial U_{OCV}}{\partial T}}{mc} t} T(kT_0)$$
$$+ \frac{mc}{hA - I \dfrac{\partial U_{OCV}}{\partial T}} \left(1 - e^{-\frac{hA - I \frac{\partial U_{OCV}}{\partial T}}{mc} t} \right) \cdot \left(\frac{I^2 R_r + hAT_\infty}{mc} + \frac{I_p^2 R_p}{mc} \right) \quad (4\text{-}12)$$

本章将式（4-12）作为电池的温升模型，考虑电池在加热过程中电池内部参数随电池温度和 SOC 的变化而变化，结合预设的环境温度和电池散热条件，对电池在充放电过程中的温度变化进行预测。

4.2.2　锂离子动力电池温升模型参数的获取

本章通过在不同条件下对电池进行实验测试，并结合一些特定的数据处理方法，获取电池在不同温度和 SOC 时的温升模型参数，电池温升模型参数除了上述等效电路模型中的参数，还包括熵变系数和等效热转移系数。

1. 熵变系数的获取

电池的熵变系数是计算反应热的重要参数，本书获取熵变系数的具体方法[10]：选取−10℃、−5℃、0℃及5℃作为实验温度点，在某一固定 SOC，对温度 T 与开路电压 OCV 进行一次函数拟合，将得到的一次函数的斜率作为该 SOC 的熵变系数。图 4-5 为 50%SOC 的熵变系数。利用该方法分别进行不同 SOC 时熵变系数的

计算，得到在 10%SOC～100%SOC 内，以 10%SOC 为间隔的熵变系数曲线，如图4-6所示。熵变系数随着电池SOC增加呈现不规则的变化，当电池SOC在10%～90%内时，熵变系数大于0，当电池 SOC 超过 90%时，熵变系数小于 0。电池熵变系数的值较小，始终在–0.2～1.8mV/℃内，由反应热公式可知，熵变系数的数值小意味着反应热部分的产热量较少，这也表明，在电池放电加热过程中绝大部分热量是由焦耳热产生的，而反应热对电池温升的贡献相对较小。

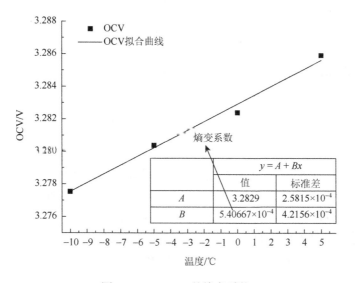

图 4-5　50%SOC 的熵变系数

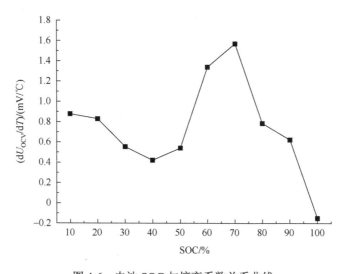

图 4-6　电池 SOC 与熵变系数关系曲线

2. 等效热转移系数的获取

电池在加热过程中的热量耗散可以用等效热转移系数来表达,等效热转移系数在能量守恒模型中是一个重要的参数,它能够影响电池温度模型的精确度[11]。为了减少电池在加热过程中的热对流,本书在实验过程中将隔热膜附在电池周围进行适当保温。常温下,将电池静置于恒温箱中,设置恒温箱温度为-10℃,温度记录仪记录电池在恒温箱中冷却静置时的温度变化数据,根据能量守恒定律,得到电池的等效热转移系数:

$$mc\frac{\mathrm{d}T}{\mathrm{d}t} = -hA(T - T_{\infty}) \tag{4-13}$$

式中, $m = 145\mathrm{g}$; $c = 1.13\mathrm{J \cdot g^{-1} \cdot K^{-1}}$; $T_{\infty} = -10℃$;假设 h 是一个常数,则式(4-13)可以表示为

$$\ln(T - T_{\infty}) = -\frac{hA}{mc}t + \mathrm{con} \tag{4-14}$$

式中, con 为 $\ln(T - T_{\infty})$ 的初始值。 $\ln(T - T_{\infty})$ 与时间 t 之间呈线性关系,又由于电池表面积 A 、电池质量 m 及电池比热容均为已知参数,因此等效热转移系数可以通过 $\ln(T - T_{\infty})$ 与时间 t 所作曲线的斜率推导得出。电池冷却静置时的温度 T 曲线及 $\ln(T - T_{\infty})$ 曲线如图4-7和图4-8所示。图4-8中 $\ln(T - T_{\infty})$ 与时间 t 呈近似的线性关系,通过获取该直线的斜率,并将电池的表面积 A 、质量 m 及比热容 c 代入,最终计算得到等效热转移系数 h 为 $25.45\mathrm{W/(m^2 \cdot K)}$ 。

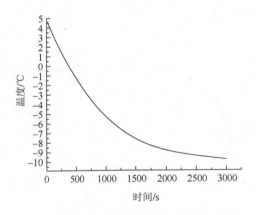 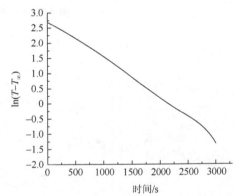

图4-7　电池冷却静置时温度 T 的变化曲线　　图4-8　电池冷却静置时 $\ln(T - T_{\infty})$ 的变化曲线

4.2.3 锂离子动力电池温升模型的验证

将获取的反应热熵变系数和等效热转移系数代入式(4-12),得到电池温升模型,分别选取 12A(2.4C)与 14A(2.8C)对电池进行温升模型的仿真验证和低

温恒流放电的预热实验,得到的仿真和实验结果如图 4-9 与图 4-10 所示。由图 4-9
和图 4-10 可知,在电池以不同电流倍率进行恒流放电加热时,电池温升模型的仿真

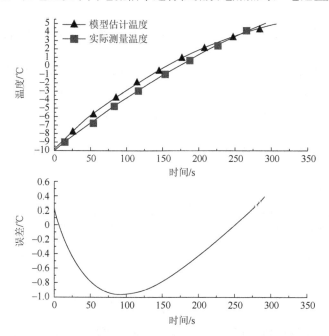

图 4-9　12A 恒流放电模型估计温度与实际测量温度的比较

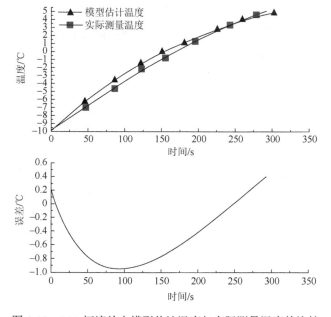

图 4-10　14A 恒流放电模型估计温度与实际测量温度的比较

结果与电池实际测量的温度变化基本一致，加热过程中的最大误差不超过 1℃，能够证明实验电池所建的温升模型是可靠的。

4.3　基于动态规划的放电电流多目标优化

在电池低温加热过程中，加热时间和加热过程造成的容量衰减是衡量加热方法的重要指标，但加热过程中的容量衰减与加热时间之间存在矛盾关系。如何选择一个合适的放电电流来权衡这两方面的矛盾是电池低温加热方法研究的关键问题。

4.3.1　放电电流边界条件的确定

根据本书建立的电池温升模型，在低温条件下，想要实现对电池的有效加热，其必要条件是电池放电时产生的热量大于对外界环境耗散的热量。因此，在应用电池低温放电加热的方法时，需要确定放电电流的边界条件。低温加热过程中的放电电流最大值为电池规格书上规定的最大放电电流（4C 倍率），放电电流的最小值应满足式（4-15）：

$$I^2 R_r + I_p^2 R_p + IT \frac{\partial U_{OCV}}{\partial T} - hA(T - T_\infty) > 0 \qquad (4\text{-}15)$$

由于电池的欧姆内阻与极化内阻均受温度和 SOC 影响，因此在电池低温加热过程中，放电电流的最小值随着电池温度和 SOC 的变化而逐渐改变。另外，由于电池放电能力随着电池温度的增加而逐渐改善，所以电池放电电流边界条件中的最小值在加热过程中是逐渐增加的。这里设定环境温度为–10℃，电池加热过程中的放电电流边界条件如图 4-11 所示。

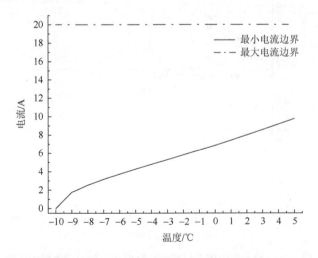

图 4-11　电池加热过程中的放电电流边界条件

4.3.2　优化目标函数的建立

本节参考文献[12]的电池衰减模型，如式（4-16）所示：

$$Q_{\text{loss}} = 0.0032 e^{-\left(\frac{15162-1516C_{\text{Rate}}}{R(|285.75-T_{\text{bat}}|+265)}\right)} A_{\text{h}}^{0.849} \tag{4-16}$$

式中，Q_{loss} 为电池容量损失的百分比；A_{h} 为安培小时输出电量；C_{Rate} 为放电速率；T_{bat} 为电池温度；R 为气体常数。该寿命衰减模型是针对锂离子动力电池在 5℃和 45℃下交替进行恒流充放电循环实验得到的，并经过实验验证确认该电池模型可以在温度为–20～10℃内及放电电流倍率在 0.5C～3C 内正常使用。

本节以电池加热时间和容量衰减为优化目标建立目标函数，在构建该函数的过程中，首先将加热过程划分为 N 个阶段，电池每上升 1℃的过程记为一个加热阶段，在每个加热阶段中认为电池模型的参数不变。根据前述建立的温升模型，由式（4-7）可知第 j 个加热阶段所需的时间为

$$t_j = \frac{mc}{\left(I_j \dfrac{\partial U_{\text{OCV}}}{\partial T} - hA\right)T(j) + I_j^2 R_{r,j} + I_{p,j}^2 R_p + hAT_\infty}, \quad j=1,2,\cdots,N \tag{4-17}$$

式中，t_j 为第 j 个加热阶段的时间。

第 j 个加热阶段的 SOC 变化为

$$\Delta \text{SOC} = \frac{\int_0^{t_j} I_j \mathrm{d}t}{3600\text{Cap}} \tag{4-18}$$

式中，Cap 为电池额定容量，单位为 A·h。

若电池管理系统的采样时间为 Δt，则每个加热阶段中的采样个数为

$$M_j = \frac{t_j}{\Delta t} \tag{4-19}$$

由于 $A_{\text{h}} = I \cdot t$，因此，将式（4-17）代入式（4-16），可得第 j 个加热阶段的容量衰减为

$$Q_{\text{loss},j} = 0.0032 e^{-\left(\frac{15162-1516C_{\text{Rate}}}{R(|285.75-T_{\text{bat}}|+265)}\right)} \left(I_j \frac{mc}{\left(I_j \dfrac{\partial U_{\text{OCV}}}{\partial T} - hA\right)T(j) + I_j^2 R_{r,j} + I_{p,j}^2 R_p + hAT_\infty}\right)^{0.849} \tag{4-20}$$

式中，C_{Rate} 为电池放电倍率；R 为理想气体常数 [8.314J/(mol·K)]；A 为电池表面积；I_j 为第 j 个加热阶段的放电电流；$T(j)$ 为第 j 个阶段的电池温度；$R_{r,j}$ 为第 j 个加热阶段对应的欧姆内阻，均受当前电池温度和 SOC 的影响，由一阶 RC 电路的全响应公式，可得

$$I_{p,j,k} = I_j(1 - e^{-\frac{k\Delta t}{R_{p,j}C_{p,j}}}) + \frac{U_{p,j}}{R_{p,j}(I_j)} e^{-\frac{k\Delta t}{R_{p,j}C_{p,j}}} \qquad (4\text{-}21)$$

式中，$U_{p,j}$ 为第 j 个放电加热阶段起始时刻的极化电压；$C_{p,j}$ 为第 j 个放电加热阶段起始时刻的极化电容；$I_{p,j,k}$ 为极化电阻 $R_{p,j}$ 在第 j 个加热阶段时第 k 个采样时刻的电流；$R_{p,j}$ 为第 j 个加热阶段对应的极化内阻。

将式（4-20）离散化之后可以表示为

$$Q_{\mathrm{loss},j} = \sum_{k=1}^{M_j} 0.0032 e^{-\left(\frac{15162 - 1516 C_{\mathrm{Rate}}}{R\left(\left|285.75 - T_{\mathrm{bat}}\right| + 265\right)}\right)}$$

$$\cdot \left(I_j \frac{mc}{\left(I_j \frac{\partial U_{\mathrm{OCV}}}{\partial T} - hA\right)T(j) + I_j^2 R_{r,j} + I_j\left(1 - e^{-\frac{k\Delta t}{R_{p,j}C_{p,j}}}\right) + \frac{U_{p,j}}{R_{p,j}(I_j)} e^{-\frac{k\Delta t}{R_{p,j}C_{p,j}}} + hAT_\infty}\right)^{0.849}$$

$$(4\text{-}22)$$

则整个加热过程中的电池容量衰减为

$$Q_{\mathrm{loss}} = \sum_{j=1}^{N}\sum_{k=1}^{M_j} 0.0032 e^{-\left(\frac{15162 - 1516 C_{\mathrm{Rate}}}{R\left(\left|285.75 - T_{\mathrm{bat}}\right| + 265\right)}\right)}$$

$$\cdot \left(I_j \frac{mc}{\left(I_j \frac{\partial U_{\mathrm{OCV}}}{\partial T} - hA\right)T(j) + I_j^2 R_{r,j} + I_j\left(1 - e^{-\frac{k\Delta t}{R_{p,j}C_{p,j}}}\right) + \frac{U_{p,j}}{R_{p,j}(I_j)} e^{-\frac{k\Delta t}{R_{p,j}C_{p,j}}} + hAT_\infty}\right)^{0.849}$$

$$(4\text{-}23)$$

整个加热过程中的消耗时间为

$$t = \sum_{j=1}^{N}\sum_{k=1}^{M_j} \frac{mc}{\left(I_j \frac{\partial U_{\mathrm{OCV}}}{\partial T} - hA\right)T(j) + I_j^2 R_{r,j} + I_j\left(1 - e^{-\frac{k\Delta t}{R_{p,j}C_{p,j}}}\right) + \frac{U_{p,j}}{R_{p,j}(I_j)} e^{-\frac{k\Delta t}{R_{p,j}C_{p,j}}} + hAT_\infty}$$

$$(4\text{-}24)$$

由于电池容量衰减和加热时间不具有相同的数量级，为了使优化目标函数同时包含这两个变量，本书通过 min-max 标准化[13]将电池容量衰减和加热时间进行归一化处理，分别对不同数量级的容量衰减数据和加热时间数据进行线性变换，使变换后的值具有相同数量级并映射到[0, 1]。转换函数如下：

$$x^* = \frac{x - \min}{\max - \min} \qquad (4\text{-}25)$$

式中，$\max$ 为样本数据的最大值；$\min$ 为样本数据的最小值；x 为原始数据；x^* 为归一化处理后的数据。

当设置系统的采样时间 $\Delta t = 1\text{s}$ 时，本节所提优化加热方法的目标函数可以表示为

$$f = \min\left\{\alpha\sum_{j=1}^{N}Q_{\text{loss},j}^{*} + (1-\alpha)\sum_{j=1}^{N}t_{j}^{*}\right\} \quad (4\text{-}26)$$

式中，$Q_{\text{loss},j}^{*}$ 与 t_{j}^{*} 分别为经过标准化处理后的电池容量衰减和加热时间；α 为权值因子，通过改变 α 的值能够调整电池低温加热效果中容量衰减和加热时间的侧重程度。当 $\alpha > 0.5$ 时，说明加热效果中更希望减小电池加热过程中的容量衰减，对加热时间的要求相对比较低；当 $\alpha < 0.5$ 时，说明加热效果中更注重缩短电池的加热时间，允许加热过程中的容量衰减稍大一些；当 $\alpha = 0.5$ 时，说明对加热效果中电池低温加热时间和容量衰减的注重程度相同，这两个方面要同时兼顾。

因为本章所提 Thevenin 等效电路模型中极化电阻与极化电容并联，导致极化电阻上的压降不能突变，所以每个放电加热阶段的起始极化电压等于其对应上一放电加热阶段的终止极化电压。为此，选择每个加热阶段的起始极化电压 $U_{p,j}$ 作为状态变量，状态转移方程见式（4-27）。

$$\left(I_j\left(1-\text{e}^{-\frac{36C/I_j}{R_{p,j}(I_j)C_{p,j}(I_j)}}\right) + \frac{U_{p,j}}{R_{p,j}(I_j)}\text{e}^{-\frac{36C/I_j}{R_{p,j}(I_j)C_{p,j}(I_j)}}\right)R_{p,j}(I_j) = U_{1(j+1)}, \quad j=1,2,\cdots,N-1$$

$$(4\text{-}27)$$

放电加热结束时，认为极化电阻上的电流已达稳态电流 I_N。由此可以根据式（4-27）得到最后加热阶段起始时刻的极化电压，即状态变量 $U_{p,N} = I_N \cdot R_{p,N}$。在放电加热起始时刻，由于极化电阻上电压为 0，所以此加热阶段的状态变量 $U_{p,1} = 0$。

4.3.3　基于动态规划算法对优化目标函数的求解

动态规划算法[14]是解决全局优化问题最有效的数学方法之一，可以应用于锂离子电池内部预热放电电流的多目标优化系统中，设计最优预热放电电流的控制策略。虽然动态规划最优预热放电电流控制策略存在计算量过大[15]、无法实时在线应用等缺陷，但是利用其离线优化后获得的全局最优解能够估计目标函数值域的范围，对于其他电流控制策略评价具有重要的参考价值。因此，动态规划算法广泛地应用于非线性系统的离线全局优化中。

本节采用动态规划算法对所提放电加热过程进行求解，其中，阶段变量，按电池温度变化划分加热阶段，每个加热阶段用 j 表示，$j = 1, 2, \cdots, N$。

状态变量 $U_{p,j}$ 为第 j 个加热阶段起始时刻的极化电压。

决策变量 I_j 为第 j 个加热阶段的放电电流。

允许决策集合为

$$D_j(I_j) = \{I_{\min} \leqslant I_j \leqslant I_{\max}\} \tag{4-28}$$

状态转移方程为

$$
\begin{cases}
U_{p,j+1} = \varPhi(U_{p,j}, I_j)\left[I_j\left(1 - \mathrm{e}^{-\frac{36\mathrm{Cap}/I_j}{R_{p,j}C_{p,j}}}\right) + \frac{U_{p,j}}{R_{p,j}}\mathrm{e}^{-\frac{36\mathrm{Cap}/I_j}{R_{p,j}C_{p,j}}}\right]R_{p,j}(I_j), \quad j = 1, 2, \cdots, N-2 \\
U_{p,N} = R_{p,N}I_N \\
U_{p,1} = 0
\end{cases}
\tag{4-29}
$$

报酬函数为第 j 个加热阶段中电池容量衰减与加热时间标准化处理之后的加权和，为

$$V_j = \alpha Q_{\mathrm{loss},j}^* + (1-\alpha)t_j^* \tag{4-30}$$

目标最优值函数 f_j 表示从第 j 个加热阶段到第 N 个加热阶段电池容量衰减与加热时间加权和的最小值，可表示为

$$f_j = \min\left\{ \alpha \sum_{j=1}^{N} Q_{\mathrm{loss},j}^* + (1-\alpha)\sum_{j=1}^{N} t_j^* \right\} \tag{4-31}$$

增加第 $N+1$ 个加热阶段作为应用动态规划算法求解时的起始阶段，且令此阶段的最优目标值函数为零，即 $f_{N+1} = 0$。

因此该加热优化问题的数学模型为

$$
\begin{cases}
f_j(U_{p,j}) = \min\limits_{I_j \in D_j(I_j)}\left(v_j(U_{p,j}) + f_{j+1}(U_{j+1}) \right), \quad j = N, N-1, \cdots, 1 \\
f_{N+1} = 0
\end{cases}
\tag{4-32}
$$

应用动态规划算法求解电流流程如图 4-12 所示。计算过程采用逆向求解法。首先，对 f_N 求极值，得出第 N 个阶段最优预热放电电流的表达形式为 $I_{N,\mathrm{opt}} = M_N(U_{p,N})$。然后将 $U_{p,N}$ 和 $I_{N,\mathrm{opt}}$ 代入 f_N，得到 f_N 关于 $U_{p,N}$ 的表达形式 $P_N(U_{p,N})$，根据状态转移方程，$P_N(U_{p,N})$ 可进一步表示为 $P_N(\varPhi(I_{N-1}, U_{p,N-1}))$。将 $I_{N,\mathrm{opt}}$ 和 f_N 存储之后，再用相同的方法计算 f_{N-1}，得到 $I_{N-1,\mathrm{opt}}$ 和 f_{N-1} 的表达形式，分别为 $M_{N-1}(U_{p,N-1,\mathrm{opt}})$ 和 $P_{N-1}(\varPhi(I_{N-2}, U_{p,N-2}))$。将 $I_{N-1,\mathrm{opt}}$ 和 f_{N-1} 存储之后，再计算 f_{N-2}。如此向前推算，可以得到每个阶段放电电流 $I_{j,\mathrm{opt}}$ 关于 $U_{p,j}$ 的表达形式 $M_j(U_{p,j})$。根据初始条件 $U_{p,1} = 0$ 和状态转移方程 $U_{p,j} = \varPhi(I_{j-1}, U_{p,j-1})$，再从前往后正向依次计算出每个阶段的最优预热放电电流 I_j。

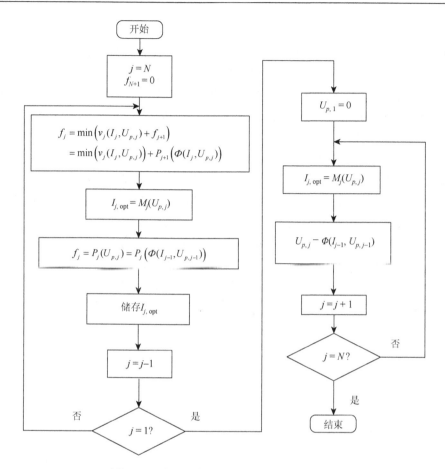

图 4-12　应用动态规划算法求解电流流程图

4.4　实验结果及比较分析

　　本节将对不同倍率的恒流电池放电预热进行仿真，通过使用所建立电池模型实现了多目标优化加热方法的仿真。通过电池低温预热实验，将电池模型预测的温升结果与实际温升情况进行对比，验证温升模型的有效性。将多目标优化电池低温预热法与电池恒流放电低温预热法进行对比，分别从预热过程中的容量衰减、加热时间及电量消耗三方面进行对比分析，证明本节所提多目标优化电池低温预热法的效果优于电池恒流放电低温预热法。

4.4.1　不同倍率的恒流电池放电预热的仿真分析

　　电池恒流放电低温预热法，即电池在低温环境下恒流放电，利用电池内阻产生的热量对电池进行内部预热，在不同倍率放电电流下，电池低温预热效果也不相同。本节针对磷酸铁锂锂离子动力电池，设定环境温度为−10℃，目标温度为5℃，在2C～4C的倍率范围内选取不同的电流倍率进行电池低温恒流放电预热仿真，分别从电池预热过程中的温度变化情况、预热时间、容量衰减和电量消耗等方面进行比较分析。图4-13为不同放电倍率下电池低温恒流放电预热时的温升效果图。

由图4-13可知，电流放电倍率越大，电池的温升速度越快，当电池以某一固定放电倍率进行低温预热时，预热初期的电池温升速度较快，但是随着电池预热的持续进行，电池的温升速度逐渐减小，尤其是当放电倍率为2C时，电池在预热过程后期的温度变化甚至趋于平缓。以上现象是由于电池在预热过程中，电池温度逐渐增加，电池内阻逐渐减小，又因为电池放电电流保持恒定值不变，由电池的生热模型可知，电池生热速率减小，散热速率增加，从而导致电池预热后期的温升速度减小。因此，只有在预热过程中逐渐增加电池的放电电流，才能使低温加热过程中的电池温度以持续较快的速度增加。

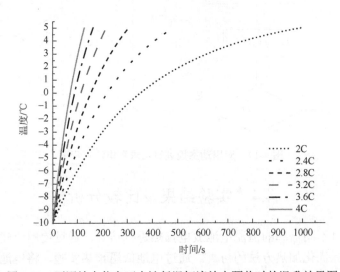

图4-13　不同放电倍率下电池低温恒流放电预热时的温升效果图

由于电池的放电倍率不同，电池在加热过程中消耗的电量也不同。不同放电倍率下电池低温恒流放电预热时的容量衰减和电量消耗如图4-14所示。由图4-14可知，在整个实验过程中，电池的放电倍率越大，加热过程中的电量消耗越小，即电池的预热效率越高。当电池放电倍率从2C（10A）增加到2.4C（12A）时，预热过程中的电量消耗明显下降，当放电倍率大于2.4C且继续增加时，预热过程中电量消耗的下降速度逐渐减小，最终趋于平缓。

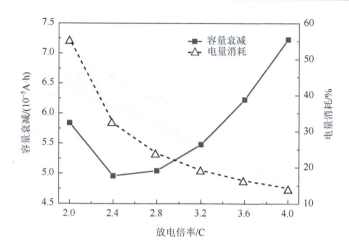

图 4-14　不同放电倍率下电池低温恒流放电换热时的容量衰减和电量消耗

另外，在 2C～4C 的放电倍率范围内，预热过程造成的容量衰减与放电倍率呈二次函数关系，当放电倍率为 2.4C 时，容量衰减的值最小。因此，对电池预热过程中的温度变化情况、预热时间、电量消耗和容量衰减等方面进行比较分析可得，当使用电池低温恒流放电预热法时，放电倍率为 2.4C 时的加热效果最好。

4.4.2　多目标优化放电电流预热方法仿真分析

本节在 0～1s 内，每个 0.1s 的间隔距离选取一个值作为多目标优化方法中目标函数的权值因子 α，设定环境温度为−10℃，低温预热的目标温度为 5℃，根据上述所确定的放电电流边界条件及基于动态规划算法对不同权值因子时的目标函数进行仿真，获取不同权值因子时的最优放电电流及在该电流下的预热时间、容量衰减和电量消耗。通过仿真得到的不同权值因子条件下的电池低温预热最优放电电流曲线如图 4-15 所示。

由图 4-15 可知，当权值因子 α 为 0 时，根据多目标优化放电电流预热方法得到的最优放电电流是恒定值，即放电电流边界条件最大值为 20A。这是由于当权值因子 α 为 0 时，意味着可以完全不考虑电池预热过程对容量衰减造成的影响，尽可能地减小预热时间，所以放电电流始终保持最大值。当权值因子 $\alpha>0$ 时，开始进行电池低温预热时的初始放电电流为 6.7A 左右，随着预热过程中电池温度逐渐上升，电池最优预热放电电流在此基础上逐渐增加，当电池达到目标温度 5℃时，最优放电预热电流将增加到 15.1～19.1A。

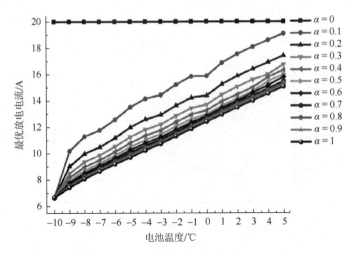

图 4-15　不同权值因子条件下的电池低温预热最优放电电流曲线

　　分别以不同权值因子条件下获取的最优放电电流对电池进行低温预热仿真，得到不同权值因子条件下的预热时间和容量衰减，如图 4-16 所示。由图 4-16 可知，无论权值因子为何值，每一次低温预热过程造成的电池容量衰减量的数量级均为 10^{-5}A·h。电池低温预热过程的预热时间随着权值因子的增加而逐渐增加，而预热过程造成的容量衰减在整体趋势上随着权值因子的增加而逐渐减小，这也进一步说明预热时间和容量衰减在电池低温放电预热中是相互矛盾的关系。当权值因子 α 从 0 增加到 0.1 时，电池低温预热过程中的预热时间和容量衰减均发生了较大的变化，随着权值因子的逐渐增加，每变化 0.1 时所引起的预热效果的改变逐渐减小，当权值因子 α 从 0.5 开始继续增加时，加热时间的增加速度与容量衰减的下降

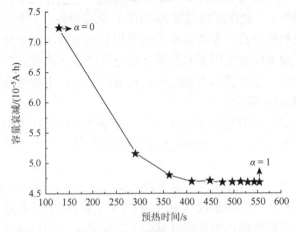

图 4-16　不同权值因子下预热过程中的容量衰减和预热时间

★是点线图的点

速度均明显减慢。另外，由图 4-16 可知，该曲线在权值因子为 0.3～0.4 的区间内有一个小的波动，当权值因子为 0.4 时，其预热时间和容量衰减值均大于权值因子为 0.3 时的值。这是由于电池内部参数与电池温度和 SOC 呈非线性的关系。

　　虽然本节所提的电池低温预热方法是以预热时间和容量衰减作为优化目标进行优化的，但是，预热过程中电池的电量消耗作为影响加热效果的重要因素，同样不容忽视。根据式（4-18）所述的第 j 个预热阶段的 SOC 变化，可得整个预热过程中的电池电量消耗为

$$\Delta \text{SOC} = \sum_{j=1}^{N} \frac{\int_{0}^{t_j} I_j \mathrm{d}t}{3600\text{Cap}} \qquad (4\text{-}33)$$

　　本节采用在不同权值因子条件下的最优放电电流对电池进行低温预热仿真，从而获得不同权值因子下预热过程中的电量消耗，如图 4-17 所示。预热过程中的电量消耗随着权值因子的增加而逐渐增加，但增加速度逐渐减小。在整个权值因子范围内，预热过程中的电量消耗为 16%SOC～35%SOC。

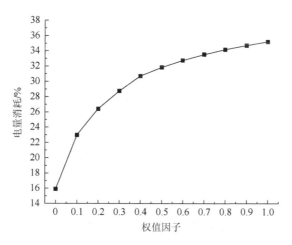

图 4-17　不同权值因子下预热过程中的电量消耗

4.4.3　不同权值因子下电池模型预测结果与实际测量温度对比分析

　　为了保证本章所建的电池温升模型在对电池施加可变电流时依然具有较高的精确性和可靠性，选取不同权值因子时的优化放电电流对电池进行低温预热实验，对模型仿真得到的电池温度变化情况与实际测量的电池温度变化情况进行对比，并对两者之间的误差进行分析。

　　由图 4-18 可知，在电池预热过程中，电池模型预测温度与电池低温预热时的实际测量温度在预热前期基本吻合，随着预热过程的持续，两者之间的误差逐渐

增加，但是直至预热结束，两者之间的最大误差也不超过 1℃。因此，在应用多目标优化放电电流预热方法对电池进行低温预热时，可以通过本章所建立的电池温升模型对预热时间进行有效预测。

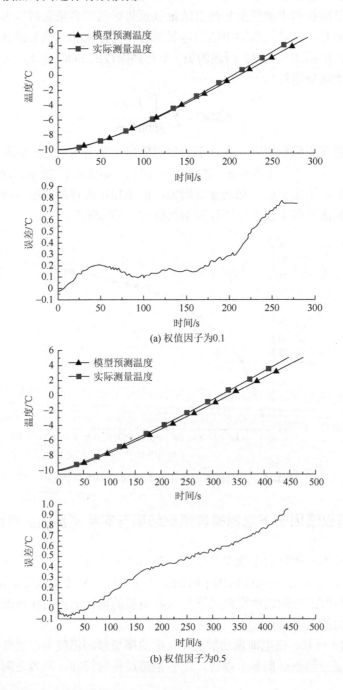

(a) 权值因子为0.1

(b) 权值因子为0.5

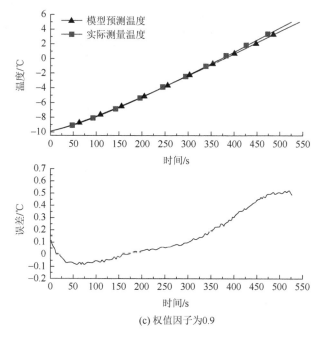

(c) 权值因子为0.9

图 4-18　电池模型预测温度与实际测量温度的对比

4.4.4　不同权重因子下多目标优化预热与恒流放电预热对比分析

为了检验所提的多目标优化电池低温预热方法的有效性，并且为选择合理的权重因子提供参考，将本章所提方法与恒流放电预热方法进行了比较。多目标优化预热方法的权值因子选择范围为 0.1～0.9，恒流放电预热方法的放电电流为12A。两种方法的预热时间和电池容量衰减情况如表 4-2 所示。

两种预热方式的比较如下：

$$\gamma_{\alpha,Q_{\mathrm{loss}}} = \frac{Q_{\mathrm{loss_{cc}}} - Q_{\mathrm{loss}_\alpha}}{Q_{\mathrm{loss_{cc}}}} \times 100\% \tag{4-34}$$

$$\gamma_{\alpha,t} = \frac{t_{\mathrm{cc}} - t_\alpha}{t_{\mathrm{cc}}} \times 100\% \tag{4-35}$$

式中，$\gamma_{\alpha,Q_{\mathrm{loss}}}$ 和 $\gamma_{\alpha,t}$ 分别表示多目标优化预热方法相对于恒流放电预热方法在容量衰减与预热时间方面节省的百分比；Q_{loss_α} 和 t_α 分别表示权重因子 α 对应多目标优化预热方法在预热过程中造成的容量衰减与预热时间；$Q_{\mathrm{loss_{cc}}}$ 和 t_{cc} 分别表示 12A 恒流放电预热方法在预热过程中造成的容量衰减与预热时间。

表 4-2　多目标优化预热方法与 12A 恒流放电预热方法的预热时间和电池容量衰减情况[16]

预热方式	权值因子	容量衰减/(10^{-5}A·h)	预热时间/s
本章所提多目标优化预热方法	0.1	5.16	291.33
	0.2	4.80	362.78
	0.3	4.69	410.74
	0.4	4.70	449.02
	0.5	4.68	475.54
	0.6	4.68	496.64
	0.7	4.69	514.07
	0.8	4.68	529.31
	0.9	4.68	542.83
12A 恒流放电预热方法		4.96	484.31

两种预热方法的比较结果如图 4-19 所示。

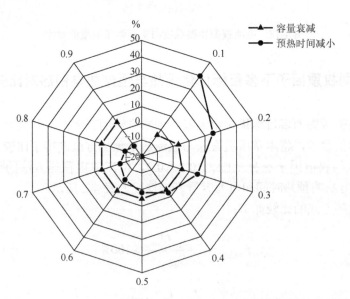

图 4-19　多目标优化预热方法与 12A 恒流放电预热方法的比较结果

由图 4-19 可以看出，当权值因子为 0.5 时，本章所提多目标优化预热方法所需的预热时间与 12A 恒流放电预热方法基本相同，但在预热过程中的容量衰减量比恒流预热方法的容量衰减量减少 5.65%。当权值因子小于 0.5 时，本章所提多目标优化预热方法所需的预热时间均小于恒流放电预热所需的预热时间，与之相比减少量为 7.28%～39.85%。另外，当权值因子大于 0.1 时，本章所提多目标优化预热方法在预热过程中的电池容量衰减量均小于恒流预热方法在预热过程中造成的容量衰减量,与之相比减少量为3.22%~5.64%。由于本章所提多目标优化预热方法可以根据电池内部各参数随SOC的变化而改变放电电流,使电池低温预热效果达到最优。因此,使用优化后的放电电流对电池进行低温预热不仅有助于减少电池在预热过程中的容量衰减,而且能够根据预热效果的需求选取不同的权值因子,从而达到平衡容量衰减和预热时间的目的。

为进一步说明本章所提多目标优化预热法的优势,对所提多目标优化预热方法与恒流放电预热方法从电量消耗的角度进行了比较分析。将权值因子为0.5时对应的所提多目标优化预热方法与12A恒流放电预热方法进行比较,两种预热方法电池在预热过程中的电量消耗如图4-20所示。

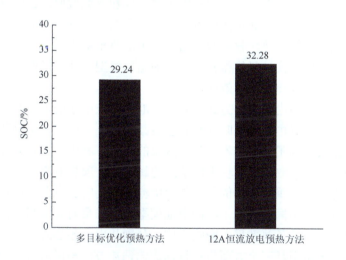

图 4-20 两种预热方法电池在预热过程中的电量消耗

由图4-20可以看出,当权值因子为0.5时,对应的所提多目标优化预热方法在预热过程中电池电量消耗为29.24%SOC,而12A恒流放电预热方法的电池电量消耗为32.28%SOC。

因此,综合考虑电池预热过程中的容量衰减、预热时间和电量消耗受预热方法的影响时,本章所提多目标优化预热方法能够在不增加预热时间的前提下,有效地降低预热过程中的容量衰减,减少电量消耗。

4.5 本 章 小 结

本章针对低温条件下锂离子动力电池在采用内部放电预热方式时,放电电流同时影响电池容量衰减和预热时间的矛盾问题，在建立基于 Thevenin 等效电路模型的基础上，结合电池温升模型，提出以电池的容量衰减与预热时间作为优化目标，在辨识等效电路模型参数并获取电池温升模型参数的前提下，利用动态规划算法求解电池的最优放电预热电流的方法。

首先，分析了锂离子电池的工作原理和失效原理，对锂离子动力电池进行温度特性实验，即在不同温度下对电池进行电池容量测试、混合脉冲功率测试及开路电压测试，利用最小二乘法对电池的欧姆内阻、极化内阻和极化电容进行参数识别，分别从定量与定性的角度分析温度对电池内部参数和外部特性的影响程度，并从锂离子电池工作原理及电化学反应过程的角度分析了电池性能受温度影响的原因。

其次，分析了电池在充放电过程中生热机理和热耗散原理，建立了电池在预热过程中的热平衡方程。通过实验测试及相关数据的处理，获取了电池的熵热系数和预设环境下的等效热转移系数，通过对电池热平衡方程进行微分变换、离散化处理及拉普拉斯变换，最终得到了电池的温升模型，并通过低温恒流放电预热实验验证了电池温升模型的有效性。

然后，采取电池内部预热方式，利用电池低温放电时的内阻产生的热量对电池进行预热，建立以电池预热时间和容量衰减为优化目标的目标函数，通过在目标函数中设置权重因子以满足不同预热效果的需求，利用动态规划算法对目标函数进行求解，从而获取了不同权重因子时的最优放电预热电流。

最后，将不同权重因子时的最优放电电流施加到实验对象并进行仿真与实验结果分析，对比了不同权重因子时的电池模型预测结果与实际温升情况，分析了不同权重因子对电池预热效果的影响程度，分别从电池预热时间、预热过程造成的容量衰减及电量消耗三个方面将多目标优化预热方法与恒流放电预热方法进行对比分析，从定性和定量的角度凸显了多目标优化预热方法的优势。

参 考 文 献

[1] Tang Y，Wei R P，Chen K，et al. Voltage sag source identification based on the sign of internal resistance in a 'Thevenin's equivalent circuit'[J]. European Transactions on Electrical Power，2017，27（2）：2461.

[2] Xu Z H，Zhu G D，Zhao J，et al. Two-dimensional incremental recursive least squares identification for batch processes[J]. Chemical Engineering Science，2021，237（6）：116570.

[3] 张彦琴，张化风，宋国政. 锂离子电池放电过程能量损失分析[J]. 电源技术，2019，43（11）：1778-1781.

[4] Omariba B Z. 电池管理系统中电池平衡性能优化建模方法[D]. 北京：北京科技大学，2020.

[5] Liu G M，Ouyang M G，Lu L G，et al. Analysis of the heat generation of lithium-ion battery during charging and discharging considering different influencing factors[J]. Journal of Thermal Analysis and Calorimetry，2014，116（2）：1001-1010.

[6] Viswanathan V V，Choi D，Wang D H，et al. Effect of entropy changes of lithium intercalation in cathodes and

anodes on Li-ion battery thermal management[J]. Journal of Power Sources，2010，195（11）：3720-3729.

[7]   Zhang Y Z，Xiong R，He H W，et al. Lithium-ion battery pack state of charge and state of energy estimation algorithms using a hardware-in-the-loop validation[J]. IEEE Transactions on Power Electronics，2017，32（6）：4421-4431.

[8]   李新静，张佳珞，魏引利，等. 锂离子动力电池的温升特性分析[J]. 材料科学与工程学报，2014，32（6）：908-912.

[9]   Ruan H J，Jiang J C，Sun B X，et al. Stepwise segmented charging technique for lithium-ion battery to induce thermal management by low-temperature internal heating[C]. 2014 IEEE Conference and Expo Transportation Electrification Asia-Pacific（ITEC Asia-Pacific），Beijing，2014：1-6.

[10]   Sun J L，Wei G，Pei L，et al. Online internal temperature estimation for lithium-ion batteries based on Kalman filter[J]. Energies，2015，8（5）：4400-4415.

[11]   Ge H，Huang J，Zhang J B，et al. Temperature-adaptive alternating current preheating of lithium-ion batteries with lithium deposition prevention[J]. Journal of the Electrochemical Society，2016，163（2）：A290-A299.

[12]   Song Z Y，Hofmann H，Li J Q，et al. The optimization of a hybrid energy storage system at subzero temperatures：Energy management strategy design and battery heating requirement analysis[J]. Applied Energy，2015，159：576-588.

[13]   季小江，杜三宝，王冠东. 应用 min-max 标准化分析法测定区域经济增长差异：以陕西省榆林地区为例[J]. 经济与管理，2016，30（3）：54-56.

[14]   简淦杨，刘明波，林舜江. 随机动态经济调度问题的存储器建模及近似动态规划算法[J]. 中国电机工程学报，2014，34（25）：4333-4340.

[15]   吴晓刚，侯维祥，帅志斌，等. 电动汽车复合储能系统的功率分配优化研究[J]. 电机与控制学报，2017，21（11）：110-120.

[16]   Wu X G，Chen Z，Wang Z Y. Analysis of low temperature preheating effect based on battery temperature-rise model[J]. Energies，2017，10（8）：1-15.

第5章　锂离子动力电池脉冲频率优化的
低温预热策略

在锂离子动力电池采用激励实现内部预热的方法中，采用直流放电的方法加热效率较低，而采用正弦交流电进行预热又需要依赖外部电源实现。在电压幅值和循环周期相同的情况下，从微积分的角度考虑，方波脉冲激励的积分面积大于正弦波激励的积分面积，即方波脉冲激励对于电池内阻产生的有功功率更大。且方波脉冲激励在工程上更容易获得，避免了对高次谐波的控制。除此之外，方波脉冲激励的方式既可以保证一定的加热效率，又可以同时通过电池模组之间的相互充放电实现自激励，进而完成动力电池的预热。但是，对于脉冲预热的研究多集中在实验研究方面，加热脉冲的幅值和频率选择缺少理论指导。因此，使用脉冲电流对电池进行低温预热时，脉冲激励的频率和幅值选择的问题需要进一步研究。本章从电池低温预热过程脉冲频率选择的角度出发，结合电池等效电路模型和温升模型，开展制定基于变频脉冲激励的低温加热策略的研究。

5.1　锂离子动力电池性能测试

5.1.1　实验对象

本节在预热对象的选取中，将标称容量为 2.8A·h 的 NCR18650A 型三元锂离子动力电池作为研究对象。NCR18650A 型三元锂离子动力电池的外形如图 5-1 所示，该电池的基本参数如表 5-1 所示。

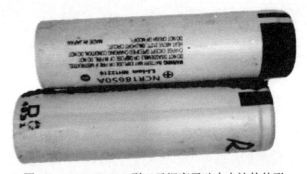

图 5-1　NCR18650A 型三元锂离子动力电池的外形

表 5-1　NCR18650A 型三元锂离子动力电池的基本参数

电池参数	数值
质量/g	44.5
表面积/m^2	0.0042
标称容量/(mA·h)	2800
标称电压/V	3.6
充电截止电压/V	4.2
放电截止电压/V	2.75
充电工作温度/℃	0~45
放电工作温度/℃	−20~60
正负极材料	LiNiCoAlO$_2$/石墨
尺寸/mm	直径：18.5；高度：65.3
比热容/(J·kg^{-1}·K^{-1})	1273

为了得到电池的性能参数，采用第 2 章介绍的实验平台开展锂离子动力电池的测试工作。

5.1.2　容量测试实验

参照电池规格书中的静态容量测试规范，分别选取 25℃、5℃、0℃、−5℃、−10℃、−15℃和−20℃共 7 个温度测试点，进行电池容量测试实验。具体实验步骤如下。

（1）设定高低温交变湿热实验箱温度为目标测试点的温度，将电池表面贴上热电偶后放入高低温交变湿热实验箱静置 3h，确保电池电芯内部温度与目标测试点温度一致。

（2）待电池电芯达到目标温度后，按照如表 5-2 所示的步骤进行测试。

表 5-2　容量测试实验流程

工步序号	电池状态	限制条件	停止条件	备注
1	静置	—	5min	检查程序参数及电池连接
2	恒流放电	1C 倍率	放电截止电压	电池容量归零
3	静置	—	2h	电池去极化作用
4	恒流恒压充电	1/3C 倍率	电流低于 0.05C 倍率	将电池充电至 SOC = 1
5	静置	—	2h	电池去极化作用
6	恒流放电	1/3C 倍率	放电截止电压	将电池放电至 SOC = 0
7	静置	—	2h	电池去极化作用
8	设置循环	工步 4～工步 7	循环次数：3	3 次循环取平均值
9	恒流恒压充电	1/3C 倍率	电流小于 0.05C 倍率	将电池充满电以备后续实验

容量测试实验需对电池进行三次循环测试后取平均值，以得到更为接近实际的结果。

在常温 25℃环境下以 1/3C 倍率的电流对电池进行三次充放电循环后对实验结果取平均值，得出电池的实际容量为 2.876A·h。随后选取在环境温度为 25℃、5℃、0℃、–5℃、–10℃、–15℃和–20℃的情况下对电池进行容量测试，实验所得电池的容量-温度曲线如图 5-2 所示。

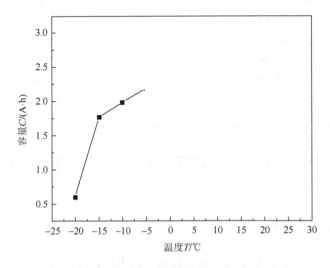

图 5-2　电池的容量-温度曲线

由图 5-2 可知，本章选择的 NCR18650A 型三元锂离子动力电池容量随温度降低而逐渐减小。从 25℃至 5℃，电池容量减小 15.44%，随着温度继续降低，电池容量呈线性趋势减小，每 5℃温度区间大约减小 5.89%。当温度从–15℃降低至–20℃时，电池容量急剧降低至 0.587A·h，仅为电池正常工作温度下实际容量的20.41%，无法满足正常工作需求。这是由于在低温环境下，电池正、负极活性下降，电解液的电导率降低，动力学特性变差，电解液中的锂离子扩散速率减慢，大部分锂离子无法快速嵌入负极材料中，造成电池极化程度增加，表现为低温下锂离子动力电池的容量急剧衰减，且形成锂枝晶的风险加大[1]。

5.1.3　混合脉冲功率特性实验

基于常温下锂离子动力电池的实际容量，对电池进行混合动力脉冲特性测试，以得到电池的充放电内阻、开路电压变化规律。由于在 Freedom CAR 测试手册中常规 HPPC 测试是从电池 SOC 为 90%开始至 10%结束，SOC 每变化 10%测试一次。在低温预热实验中需要通过实验结果计算欧姆内阻等参数，但由于电池 SOC

处于 0%~10%和 90%~100%两区间时电池极化较为剧烈，故本节对电池进行了不同温度下、SOC 在 100%~0%内的 HPPC 测试，实验流程如表 5-3 所示。

表 5-3   HPPC 测试实验流程

工步序号	电池状态	限制条件	停止条件	备注
1	静置	—	5min	检查程序参数及电池连接
2	恒流放电	1C 倍率	10s	—
3	静置	—	40s	—
4	恒流充电	1C 倍率	10s	—
5	静置	—	5min	—
6	恒流放电	1/3C 倍率	10% SOC	放掉 10%的电量
7	设置循环	工步 2~工步 7	循环次数：10	每 10% SOC 测试一次
8	恒流恒压充电	1/3C 倍率	电流小于 0.05C	将电池充满电以备后续实验

不同温度下的电池内阻随 SOC 的变化曲线如图 5-3 所示。可以看出，锂离子动力电池内阻随温度降低而增大，在−15~5℃温度区间内阻增大速率较为均匀，而温度从−15℃降低至−20℃时内阻增长明显变快。另外，SOC 也会对电池内阻产生影响，表现为电池 SOC 在 0%~10%和 90%~100%两区间内的电池内阻要略大于同温度其他 SOC 情况下的电池内阻，但变化幅度较小，说明温度对电池内阻的影响要大于 SOC 对电池内阻的影响。

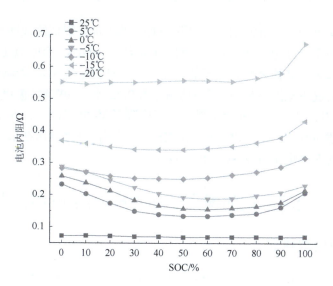

图 5-3   不同温度下的电池内阻随 SOC 的变化曲线

5.1.4　不同 SOC 下锂离子动力电池开路电压测试

基于 HPPC 测试结果，利用多项式拟合或插值法处理数据可以得到电池 OCV-SOC 曲线，多用于电池 SOC 估计和电池熵热系数计算。本节结合 5.1.3 节中测试结果，利用多项式拟合方法得到电池的 OCV-SOC 曲线。本节实验对象电池在不同温度下的 OCV-SOC 曲线如图 5-4 所示。

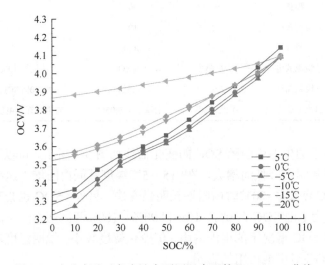

图 5-4　本节实验对象电池在不同温度下的 OCV-SOC 曲线

由图 5-4 可知，电池的开路电压随 SOC 的增加呈近似线性增长的趋势，在 -15～5℃ 环境下开路电压变化较大，增长幅度约为 19.6%。而电池在 -20℃ 环境下的开路电压远大于其他环境温度下的开路电压，且受电池 SOC 影响较小。另外，在低电量的情况下电池更易受温度的影响，当 SOC 小于 50% 时，温度分别为 -5℃、0℃ 和 5℃ 的开路电压之间相差甚微，当温度降低至 -20℃ 时，开路电压增长尤为明显。由上述可知，锂离子动力电池在低温环境下，开路电压在低电量时受温度影响较大，而在高电量时受 SOC 影响较大。

5.2　基于交流阻抗的锂离子动力电池热-电耦合模型构建

5.2.1　电池模型建立

基于电池模型复杂度、模型鲁棒性及模型准确性三方面的考虑，选择 Thevenin 等效电路作为锂离子动力电池的等效电路模型，如图 5-5 所示。

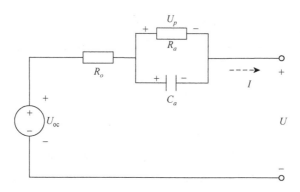

图 5-5　Thevenin 等效电路模型

在图 5-5 中，U_{oc} 为电池开路电压；R_o 为电池欧姆内阻；R_a 和 C_a 分别为极化内阻和极化电容；U_p 为电池极化电压；I 为电池内部电流；U 为端电压。由于需要考虑温度和脉冲激励频率对电池的影响，等效电路模型中的各个参数均与温度 T 和频率 f 相关，等效电路的数学模型描述如式（5-1）所示。

$$\begin{cases} \dfrac{dU_p}{dt} = -\dfrac{U_p}{R_a C_a} + \dfrac{I}{C_a} \\ U = U_{oc} - U_p - IR_o \end{cases} \tag{5-1}$$

5.2.2　电池温升模型建立

在充放电过程中，锂离子动力电池的产热可以分为不可逆热和可逆热两部分，其中不可逆热包括欧姆热 Q_o 和极化热 Q_a，可逆热包括电化学反应热 Q_r。欧姆热主要来源于电池欧姆内阻 R_o 生热，极化热主要来源于极化内阻 R_a 生热，而电化学反应产生的热量较低[2]，可以忽略不计。当电池通入电流时，欧姆热和极化热的表达式如式（5-2）所示。

$$\begin{cases} Q_o = I_o^2 R_o t \\ Q_a = I_a^2 R_a t \end{cases} \tag{5-2}$$

式中，I_o 为流过欧姆内阻的电流；I_a 为流过极化内阻的电流；t 为锂离子动力电池的充放电时间。在锂离子动力电池充放电过程中，只有焦耳热 Q_J 可以用来对电池进行加热[3]，焦耳热由欧姆热 Q_o 和极化热 Q_a 组成，即

$$Q_J = Q_o + Q_a = \left(I_o^2 R_o + I_a^2 R_a \right) t \tag{5-3}$$

锂离子动力电池的产热通过热传导和热扩散[4]，最终体现为电池本身的温度

变化。根据能量守恒方程，锂离子动力电池在通入电流的过程中，电池内部产生的焦耳热一部分与环境发生热交换，剩下的部分则用来对电池进行加热[5]，电池的热学模型如式（5-4）所示。

$$mC_b\frac{\mathrm{d}T}{\mathrm{d}t}=Q_J-hS(T-T_0) \tag{5-4}$$

式中，m 为电池质量；C_b 为电池比热容；h 为电池与环境的等效热转移系数；S 为电池表面积；T 为电池温度；T_0 为环境温度。由式（5-4）可知，电池的温度变化与通入的电流、电池内阻、等效热转移系数、电池质量、比热容及电池表面积相关。即相同电流条件下，电池内阻越大，产热越多；等效热转移系数越小，温升越快；电池温度与环境温度相差越多，电池热量耗散越快，会导致温升速率下降。

本节使用脉冲方波对锂离子动力电池进行脉冲激励，若将电池看作一个整体，则可将电池交流内阻等效为一个实部阻抗和一个虚部阻抗，电池内部电流 I 的表达式为

$$I=\frac{U_p}{|Z|}=\frac{U_p}{\sqrt{R_e^2+I_m^2}} \tag{5-5}$$

式中，Z 为电池等效交流阻抗；R_e 为电池等效实部阻抗；I_m 为电池等效虚部阻抗；U_p 为电池极化电压，极化电压表达式为

$$U_p=U-U_{oc} \tag{5-6}$$

根据 Thevenin 等效电路模型和焦耳定律，通入电流的过程中，锂离子动力电池内部等效实部阻抗产生焦耳热，表达式为

$$Q_J=I^2R_e=\left(\frac{U_p}{|Z|}\right)^2R_e=U_p^2\frac{R_e}{|Z|^2} \tag{5-7}$$

由式（5-7）可知，电池内部产热率与极化电压呈正向关系，但由式（5-5）可知，极化电压过高会导致电池内部电流过大，在低温环境下易对锂离子动力电池的循环寿命产生影响。故选择将锂离子动力电池的极化电压固定在不会损害电池健康状态（state of health，SOH）的阈值范围内，则产热率仅与 $R_e/|Z|^2$ 呈正比关系，令 $G(f,T)$ 为 $R_e/|Z|^2$ 的函数，如式（5-8）所示。则在任意时刻 $G(f,T)$ 达到最大值，即可得到该时刻下的最大产热率。在不同的温度下计算 $G_{max}(f,T)$ 所对应的频率，即为此温度下的最大预热频率 f_{max}。

$$G(f,T)=\frac{R_e}{|Z|^2} \tag{5-8}$$

根据 $G_{\max}(f, T)$ 的计算结果，并结合式（5-4）中锂离子动力电池的热学模型，可以得出锂离子动力电池在预热过程中的温升表达式：

$$\Delta T = \frac{U_p^2 G_{\max} - hS(T - T_0)}{mC_p} \qquad (5\text{-}9)$$

本节中将式（5-9）作为锂离子动力电池的温升模型，并将电池在加热过程中环境温度和脉冲电流频率产生的影响考虑在内，结合低温环境下的温度预设条件及电池在温箱中的等效热转移系数，对电池在变频脉冲激励加热过程中的温度变化进行计算和预测。

能量利用率是表征低温加热策略好坏的重要评价标准之一，即电池温升所消耗的热量与电池内部阻抗通电产热的比值[6]，能量利用率的计算式为

$$\eta = \frac{\int mC_p \mathrm{d}T}{Q_J t} \times 100\% \qquad (5\text{-}10)$$

5.2.3　电池温升模型参数测试

1. 电池的电化学阻抗谱测试

在锂离子动力电池中，可以把电池的电化学反应看作一个总阻抗，对电池输入细微的正弦信号扰动即可得到不同频率下的阻抗信息[7]。本节利用电化学工作站在 $-20 \sim 5^\circ C$ 温度范围内对实验电池进行 $10^{-2} \sim 10^4$ Hz 的电化学阻抗谱（EIS）测量，每间隔 $1^\circ C$ 进行一次测量，共 25 个温度测量点，每次测量间隔 3h，消除电池极化的影响[8]，并且保证电芯温度与环境温度达到一致。其中电化学工作站数据采集频率为 100kHz，交流阻抗频率为 10μHz$\sim$1MHz，将锂离子动力电池置于高低温交变湿热实验箱中，每隔 $1^\circ C$ 采集一次电池的阻抗谱信息并传输至上位机，其测试曲线如图 5-6 所示。

由图 5-6 中可以看出，电池 EIS 轮廓随温度降低而逐渐扩大，表明了电池内部阻抗随温度降低而呈现增大的趋势。在图 5-6（a）中，在相对较高的环境温度下，两个半圆几乎无法分辨开来，这表示电池内部各变化进程的时间常数趋于一致，实部阻抗和虚部阻抗几乎以相同的速率增大。在图 5-6（b）中，低温下扩散过程的特征频率逐渐减小到阻抗谱测量频率范围之外，阻抗谱低频区域表征扩散过程的斜线逐渐消失；低温下电荷转移阻抗增大，对应的电荷转移过程的特征频率也逐渐地降低，低温下的阻抗谱不再能够包含电荷转移过程的完整半圆。另外，图 5-6（b）中的实部阻抗增长速率明显地大于虚部阻抗增长速率，即低温环境下电池的实部阻抗对温度变化更为敏感。

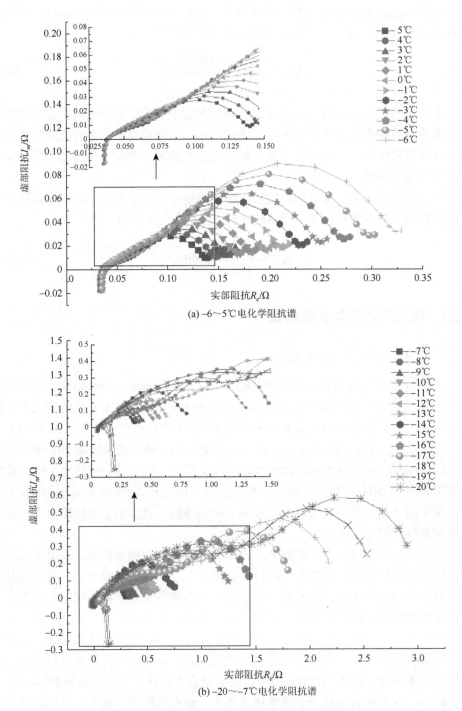

(a) -6～5℃电化学阻抗谱

(b) -20～-7℃电化学阻抗谱

图 5-6　不同温度下电池电化学阻抗谱测试曲线

2. 电池的等效传热系数测试

电池在低温预热的过程中与周围环境的热量交换可以用等效传热系数 h 来表示，它是描述电池温升模型的重要参数之一[9]。为了获得该参数，将电池放置在较小的保温箱 1 中，再将保温箱 1 放进较大的保温箱 2 中，并将两保温箱内壁贴满泡沫保温棉，以实现较好的绝热效果。在常温下，将整个绝热装置放进高低温交变湿热实验箱中，温度调节至−20℃，用温度记录仪记录电池的温度变化。

根据能量守恒方程，由式（5-4）推导可得电池温度变化与等效传热系数的关系：

$$mC_p \frac{\mathrm{d}T}{\mathrm{d}t} = hS(T - T_0) \tag{5-11}$$

式中，根据实验电池参数可知 $m = 44.5\mathrm{g}$，$C_p = 1.12\mathrm{J} \cdot \mathrm{g}^{-1} \cdot \mathrm{K}^{-1[6]}$，$T_0 = -20℃$。

假设 h 为常数，则式（5-11）可以表示为

$$\ln(T - T_0) = -\frac{hS}{mc}t + \mathrm{con} \tag{5-12}$$

由式（5-12）可知，时间 t 与 $\ln(T - T_0)$ 呈线性关系，常数项 con 可以由 $\ln(T - T_0)$ 的初值得到。电池的温度-时间曲线如图 5-7 所示，电池的 $\ln(T - T_0)$ 与时间 t 的关系曲线如图 5-8 所示，可以借助曲线斜率计算得出等效热转移系数 h[10]。图 5-8 中 $\ln(T - T_0)$ 与时间 t 近似呈线性关系，对曲线进行线性拟合后得到直线斜率并代入式（5-11）中，可得等效热转移系数 h 为 $7.152\mathrm{W} \cdot \mathrm{m}^{-2} \cdot \mathrm{K}^{-1}$。

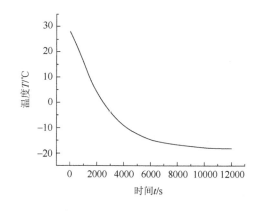

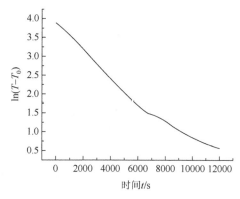

图 5-7　电池的温度-时间曲线　　　　图 5-8　电池的 $\ln(T - T_0)$ 与时间 t 的关系曲线

随着激励脉冲通入锂离子动力电池产热，锂离子动力电池温度上升与周围环境温度产生差值，由于无法做到绝对绝热，锂离子动力电池始终与环境保持热量

交换，且温度差值越大，热量交换也越剧烈[11]。当产热速率与散热速率近似达到平衡时，温升曲线斜率逐渐减小并无限趋近于零，此时电池温度不再上升，保持恒定。

5.2.4　电池内部阻抗与温度和频率的关系

由 5.2.2 节可知，EIS 在测量时将电池内部视为一个整体等效总阻抗，在输入细微的正弦信号扰动下，可以得到不同频率下的阻抗信息。为了减少计算和拟合带来的误差，针对电化学工作站采集到的不同温度下的 EIS，对电池内部等效总阻抗的实部和虚部进行基于最小二乘法的多项式拟合，分别构建锂离子动力电池实部阻抗和虚部阻抗与电池温度、脉冲激励频率的三维关系模型，如图 5-9 所示。

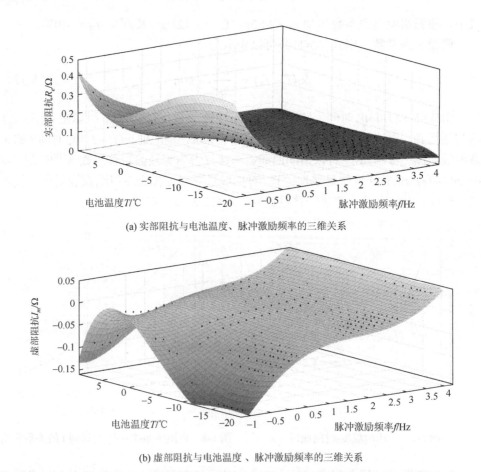

(a) 实部阻抗与电池温度、脉冲激励频率的三维关系

(b) 虚部阻抗与电池温度、脉冲激励频率的三维关系

图 5-9　锂离子动力电池实部阻抗和虚部阻抗与电池温度、脉冲激励频率的三维关系模型

由图 5-9 中可以看出，电池温度与脉冲激励频率均是电池实部阻抗和虚部阻抗变化的重要影响因素。在图 5-9（a）中电池实部阻抗随着温度的升高而产生先减小后增大的变化趋势，而图 5-9（b）中电池虚部阻抗随温度的变化与实部阻抗恰好相反，呈现先增大后减小的趋势。随着脉冲激励频率的升高，实部阻抗逐渐减小，同时虚部阻抗逐渐变大。由式（5-5）可知脉冲电流的幅值由电池极化电压、实部阻抗及虚部阻抗共同决定，由式（5-7）可知实部阻抗在电池温度变化中起着主导性的作用。事实上，电池温升的热量来源即为电池等效实部阻抗的通电产热，而电池的通电电流则由等效实部阻抗和等效虚部阻抗共同决定。所以，建立电池实部阻抗和虚部阻抗与电池温度和脉冲激励频率的三维关系模型对电池的温升计算非常重要。

5.2.5　电池热模型和电模型的耦合

本节应用模型包括一阶 Thevenin 等效电路模型和电池温升模型，同时结合不同温度下锂离子动力电池的 EIS 测试结果分别建立电池实部阻抗、虚部阻抗与电池温度、脉冲激励频率的三维关系模型，进行相互耦合计算。

锂离子动力电池热-电耦合模型示意图如图 5-10 所示，其表示的是锂离子动力电池热模型和电模型的耦合过程。Thevenin 等效电路模型用于计算电池中的电流值和极化电压值，以及电池通入脉冲激励电流后作用于实部阻抗上的产热功率；电池温升模型用于计算电池内阻产生的热量，其中一部分应用于电池的温度上升，另一部分转化为电池与环境的热量交换损耗[12]。最后将变化后的电池温度反馈至 Thevenin 等效电路模型和电池内阻三维关系模型，重新计算新电池温度下的电池阻抗及对应的最大预热频率。

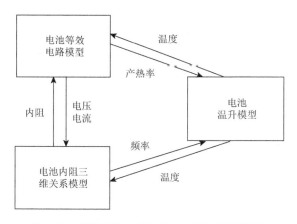

图 5-10　锂离子动力电池热-电耦合模型示意图

5.3 低温脉冲预热频率优化控制策略

5.3.1 频率优化控制策略

在电动汽车的实际使用过程中，SOC 也会对电池内阻产生一定影响。为此，本节依据控制变量法的原则，将电池的 SOC 设定为 50%，以避免该因素对低温加热实验造成干扰。在对电池进行加热前，先将电池置于高低温交变湿热实验箱中，将温度设定为−20℃并静置 3h，以确保锂离子动力电池得到充分冷却，内芯温度与环境温度一致。方波脉冲激励信号示意图如图 5-11 所示。

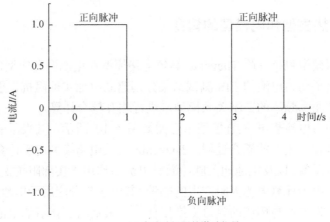

(a) 含脉冲间隔的激励信号

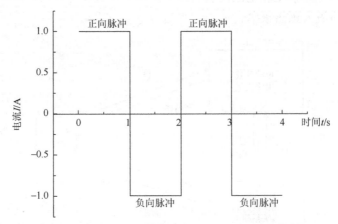

(b) 正向脉冲、负向脉冲占空比分别为50%的方波脉冲激励信号

图 5-11　方波脉冲激励信号示意图

图 5-11（a）为方波脉冲激励信号带有脉冲间隔，但方波脉冲间隔对电池的温升没有贡献且会占用加热时间，反而导致电池出现没有产热的同时却仍与环境进行热量交换的情况，影响加热进程。而正向脉冲和负向脉冲出现时间相同的脉冲激励信号可以减少电池与环境进行热交换的时间，即减少了电池的预热时间。且正向脉冲与时间轴所包围区域的面积等于负向脉冲与时间轴所包围区域的面积，二者对电池 SOC 的影响在每一个周期内都会抵消，这会降低加热过程对电池 SOC 的影响，使之保持近似恒定状态。所以选取如图 5-11（b）所示正向脉冲和负向脉冲占空比分别为 50% 的方波脉冲激励信号。

由表 5-1 可知，实验对象电池的充、放电截止电压分别为 4.2V 和 2.75V，当电池的 SOC 为 50% 时开路电压 U_{oc} 为 3.636V，为保证有较好的温升效果，同时避免加热过程中通入电池的电流过大对电池的循环寿命产生不良的影响，选定极化电压的幅值为 0.5V。在电池温升过程中，电池内阻随温度升高而减小，金属导线内部电子碰撞次数随温度升高而增多，导致金属导线内阻随温度升高而增大，电池所分得的电压会稍有减少，需要适当地加大脉冲激励的电压幅值，以保证电池两端极化电压不变，温升速率不受影响。

基于变频脉冲激励的锂离子动力电池低温预热策略流程如图 5-12 所示。首先根据前面所建立的电池实部阻抗计算模型，在输入电池初始温度 T_0（即环境温度）后，模型转换为电池实部阻抗与脉冲频率的函数关系。此时对实部阻抗函数求一阶导函数，并令一阶导函数为零，计算得出实部阻抗在初始温度下的最大值，以及实部阻抗最大值所对应的脉冲频率 f，该数值即为当前电池温度下的最大预热频率 f_0，可使电池内部产热率 q 在该温度下达到最大值。

每秒采集一次电池温度 T 并记录，当电池温度从 T_0 上升 1℃至 T_1 后，电池实部阻抗与脉冲频率的函数关系发生变化，此时再次对新实部阻抗函数关系求一阶导函数，并令一阶导函数为零，计算得到新函数关系下的实部阻抗最大值，以及实部阻抗最大值对应的脉冲频率值 f，该数值即为新电池温度下的最大预热频率 f_1。将该预热频率应用于下一时刻的脉冲激励，至电池温度再次上升 1℃后，重新依照上述步骤，根据电池温度计算下一时刻的最大预热频率 f_{max}，时刻保持电池内部产热率 q 处于最大值状态。如此根据电池温度变化不断计算更新激励脉冲的频率，即为低温加热过程中的变频过程，直到电池温度达到目标温度 5℃时，视为加热过程结束。

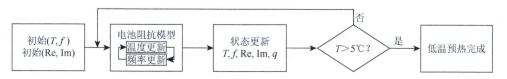

图 5-12　基于变频脉冲激励的锂离子动力电池低温预热策略流程图

变频脉冲激励的电池低温预热策略可以降低电池析锂的可能性，对电池的循环寿命影响更小[13]。析锂的发生条件由锂离子动力电池的电势控制，当电池石墨负极固液相电势差达到析锂反应的平衡电势后即会产生析锂现象[14]。由于本节所提策略在固定极化电压后，电池在高频脉冲激励下低温预热过程中欧姆内阻占主导部分，极化内阻占极小部分[15]。欧姆内阻引起的压降不会促进锂离子动力电池的析锂，而小部分极化内阻引起的压降不足以导致石墨负极固液相电势差达到析锂电势临界点，因此可以有效降低电池析锂的风险。

5.3.2　基于变频脉冲激励的低温预热仿真

结合 5.2 节搭建的锂离子动力电池热-电耦合模型对锂离子动力电池进行低温预热仿真。每隔 1℃计算一次电池在当前温度下的最大预热频率，得到不同温度下的最大预热频率变化如 5-13 所示。由图 5-13 可以看出，最大预热频率呈二次函数趋势减小，在实际低温加热过程中需要根据温度变化不断调整更新激励脉冲的频率，使电池产热率 q 始终保持最大状态，减少预热所用时间。

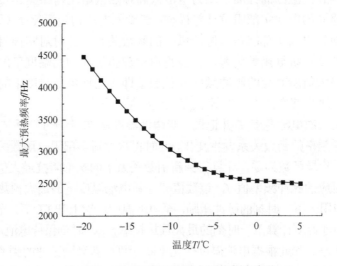

图 5-13　不同温度下的最大预热频率变化

由仿真结果可知，不同温度下的最大预热频率均在 $10^3 \sim 10^4$Hz 内，即为高频区域。当正弦扰动频率处于高频时，变化周期很短，电池内部电荷转移过程来不及发生，该周期即结束，故 Thevenin 等效电路中的 Warburg 阻抗可以忽略不计。此时极化内阻仅剩物质转移阻抗 R_{ct}，温度降低会导致电池内部物质转移动力学特性变差，物质转移速率减缓，表现为电池的等效内阻增大。

5.4　实验结果及比较分析

基于图 5-13 中不同温度下最大预热频率的计算结果,对电池进行变频脉冲激励低温预热实验,实验结果与变频仿真结果温升曲线如图 5-14 所示。由图 5-14 可以看出,电池从–20℃预热至 5℃所用时间为 1000s,且与电池仿真模型得到的温升曲线较为相近,其中最小温差为 0℃,最大温差仅为 1.4℃,验证了前面锂离子动力电池热-电耦合模型具有一定的准确性。

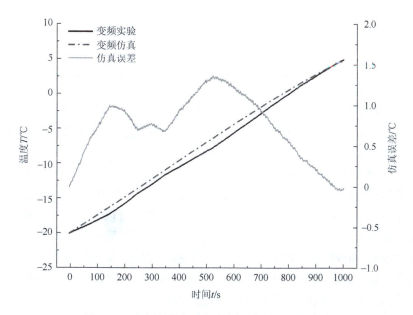

图 5-14　变频预热实验与变频仿真结果温升曲线

为了验证变频脉冲激励的低温预热策略的实用性,分别选取电池在–15℃对应的最大预热频率 3637.1Hz,以及在–5℃对应的最大预热频率 2673.5Hz 对电池进行恒频脉冲激励低温预热对比实验,并添加 1kHz 恒频脉冲激励低温预热实验作为较低频率的预热实验进行效果对比,仿真结果及实验结果如图 5-15 所示。

由图 5-15 可以看出,在电池 SOC 及等效热转移系数 h 均相同的情况下,变频激励预热方式所用时间明显地少于恒频激励预热方式所用时间。其中,变频激励预热方式将电池从–20℃预热至 5℃实际所用时间为 1000s,恒频激励 2673.5Hz 预热方式实际所用时间为 1441s,温升速率提升了 44.51%。而另外两种恒频激励预热方式均未能在 30min 内将电池预热至 5℃,视为预热失败。其原因在于恒定频率仅能使电池在某一温度时刻或某一温度范围内达到最大产热率,而无法保证

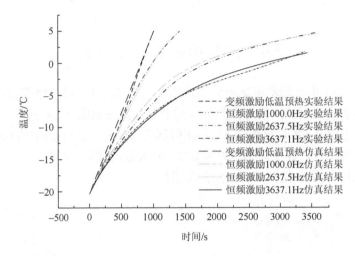

图 5-15　恒频脉冲激励、变频脉冲激励低温预热仿真结果及实验结果

电池预热过程中的每一个温度阶段都保持产热量最大。这也证明了变频脉冲激励预热策略的优势，在于根据电池当前温度实时地调整脉冲频率以保证电池在预热全过程都达到最大产热率，有效缩短了预热时间。

由于恒频激励 3673.1Hz 和恒频激励 1000.0Hz 预热方式均未在 30min 内将电池温度预热至 5℃，故选用各预热方式将电池预热至 2℃ 所用时间进行比较，不同预热方式的实验参数及结果如表 5-4 所示。由表 5-4 可以看出，变频激励预热方式可以在 872s 内将电池预热至 2℃，而另外三种恒频激励预热方式所用预热时间分别为 1167s、3069s 和 2278s，且仿真结果均与实验结果较为相近。另外，变频激励预热方式可以将电池能量利用率提升至 62.96%，有效地克服了恒频激励预热方式能量利用率低、间接导致预热时间增多的缺点。

表 5-4　不同预热方式的实验参数及结果

预热方式	仿真预热时间/s	实验预热时间/s	能量利用率/%
变频激励低温预热	863	872	62.96
恒频激励 2673.5Hz	1181	1167	53.66
恒频激励 3637.1Hz	2973	3069	39.34
恒频激励 1000.0Hz	2170	2278	47.04

本节中对同一节 NCR18650A 型三元锂离子动力电池进行了 10 次变频脉冲激励低温预热实验，每次低温预热实验结束，将电池静置于常温环境下 2h 进行去极化作用，然后测量电池的端电压。完全去极化后的锂离子动力电池处于

平静状态，电池中不存在极化电压的干扰，端电压即为电池的开路电压 U_{oc}。由图 5-4 中可知，电池的开路电压 U_{oc} 与电池的 SOC 存在近似线性化的函数对应关系，即可以从电池端电压的变化幅度来判断电池 SOC 在低温预热实验前后的变化幅度，NCR18650A 型三元锂离子动力电池在 10 次实验中的端电压变化结果如图 5-16 所示。由图 5-16 可以看出，10 次变频脉冲激励低温预热中电池的端电压最大值为 3.6547V，最小值为 3.6074V，变化幅度仅为 0.787%，可以视为电池 SOC 在预热前后几乎无变化，即证明所提低温预热方法对电池 SOC 几乎不会产生影响。

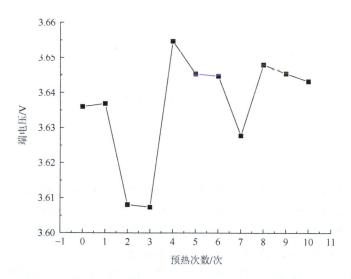

图 5-16　NCR18650A 型三元锂离子动力电池在 10 次实验中的端电压变化结果

　　在第 10 次预热实验结束后，对实验电池进行了容量测试，测试结果为 2.872A·h，相较于 10 次低温预热前的电池容量 2.876A·h，电池容量变化为 0.4%，可以认为对电池容量产生影响很小。最后，在常温下对 10 次低温预热实验后的电池进行 HPPC 测试，并与 10 次实验前的 HPPC 测试结果进行分析比对，两次测试结果如图 5-17 所示。

　　由图 5-17 中可以看出，10 次低温预热实验前后电池的 OCV-SOC 曲线几乎重合，同时电池直流阻抗随 SOC 变化趋势相近，部分 SOC 区间直流阻抗变动仅为 1mΩ。电池老化在外特性上的反映主要体现在直流阻抗的增加和电池容量的衰减，同时可能还会伴有轻微的胀包现象。结合实验所用电池的容量变化及直流阻抗变化情况分析，本节所提低温预热策略对电池的直流阻抗和容量几乎不会产生不良影响，即不会加快锂离子动力电池的老化进程，影响电池的健康状态[16]。

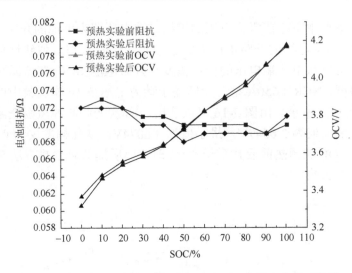

图 5-17　低温预热实验后电池的开路电压及阻抗变化测试结果

5.5　本　章　小　结

　　本章选择 NCR18650A 型锂离子动力电池为实验对象进行性能测试，得到不同温度下电池容量变化和内阻变化趋势、电池内阻和开路电压随电池 SOC 的变化曲线。从等效电路模型及内部电化学反应的角度分析了低温环境下锂离子动力电池性能降低和容量衰减的原因。基于 Thevenin 等效电路模型，在不同温度下测试电池的 EIS，建立电池内阻的三维关系模型。结合内部反应产生的焦耳热和极化热，并考虑了电池预热过程中的热量耗散，搭建电池热-电耦合模型。同时测量了 –20～5℃温度范围内锂离子动力电池的 EIS，构建了电池实部阻抗与电池温度和脉冲频率的三维关系模型、虚部阻抗与电池温度和脉冲频率的三维关系模型。在此基础上，计算得到不同温度对应的最大预热频率，使电池在预热过程中时刻保持最大产热率。仿真和实验结果验证了变频激励加热策略所用预热时间更短，预热策略对电池的直流阻抗和容量产生的影响较小，不会加快锂离子动力电池的老化。

参 考 文 献

[1]　Senyshyn A，Mühlbauer M J，Dolotko O，et al. Low-temperature performance of Li-ion batteries：The behavior of lithiated graphite[J]. Journal of Power Sources，2015，282：235-240.

[2]　Bandhauer T M，Garimella S，Fuller T F. A critical review of thermal issues in lithium-ion batteries[J]. Journal of the Electrochemical Society，2011，158（3）：1-25.

[3]　Huang J，Ge H，Li Z，et al. Dynamic electrochemical impedance spectroscopy of a three-electrode lithium-ion

battery during pulse charge and discharge[J]. Electrochimica Acta，2015，176（176）：311-320.

[4]　Zhang Y Z，Xiong R，He H W，et al. Lithium-ion battery pack state of charge and state of energy estimation algorithms using a hardware-in-the-loop validation[J]. IEEE Transactions on Power Electronics，2016，32（6）：4421-4431.

[5]　Jiang J C，Ruan H J，Sun B X，et al. A reduced low-temperature electro-thermal coupled model for lithium-ion batteries[J]. Applied Energy，2016，177：804-816.

[6]　Ruan H J，Jiang J C，Sun B X，et al. A rapid low-temperature internal heating strategy with optimal frequency based on constant polarization voltage for lithium-ion batteries[J]. Applied Energy，2016，177（7）：771-782.

[7]　Perkins R，Randall A，Zhang X，et al. Controls oriented reduced order modeling of lithium deposition on overcharge[J]. Journal of Power Sources，2012，209（1）：318-325.

[8]　Itagaki M，Honda K，Hoshi Y，et al. In-situ EIS to determine impedance spectra of lithium-ion rechargeable batteries during charge and discharge cycle[J]. Journal of Electroanalytical Chemistry，2015，737（15）：78-84.

[9]　Ge H，Huang J，Zhang J B，et al. Temperature-adaptive alternating current preheating of lithium-ion batteries with lithium deposition prevention[J]. Journal of the Electrochemical Society，2016，163（2）：A290-A299.

[10]　Hales A，Diaz L B，Marzook M W，et al. The cell cooling coefficient：A standard to define heat rejection from lithium-ion batteries[J]. Journal of the Electrochemical Society，2019，166（12）：A2383-A2395.

[11]　Rodríguez A，Plett G L，Trimboli M S. Comparing four model-order reduction techniques，applied to lithium-ion battery-cell internal electrochemical transfer functions[J]. eTransportation，2019，1：100009.

[12]　Chen Y，He Y G，Li Z，et al. A combined multiple factor degradation model and online verification for electric vehicle batteries[J]. Energies，2019，12（22）：1-12.

[13]　Bugga R，Smart M. Lithium plating behavior in lithium-ion cells[J]. ECS Transactions，2019，25（36）：241-252.

[14]　李凌任. 基于变频脉冲激励的动力电池低温加热策略研究[D]. 哈尔滨：哈尔滨理工大学，2021.

[15]　李哲，韩雪冰，卢兰光，等. 动力型磷酸铁锂电池的温度特性[J]. 机械工程学报，2011，47（18）：115-120.

[16]　Wu X G，Li L R，Du J Y. Preheating strategy of variable-frequency pulse for lithium battery in cold weather[J]. International Journal of Energy Research，2020，44（13）：10724-10738.

第6章 锂离子动力电池低温脉冲预热电流幅值优化

现有对于脉冲预热的研究多集中在实验研究方面，而脉冲幅值和频率的选择缺少理论支撑。针对脉冲激励对动力电池低温预热的方式，脉冲幅值对于预热效果具有较大的影响。为此，本章着重讨论采用脉冲预热方式下脉冲幅值的优化问题，即依托锂离子动力电池低温下的热电模型，从抑制电池发生析锂的角度，开展锂离子动力电池低温脉冲预热电流幅值优化的研究。

6.1 电池电化学阻抗谱性能测试

本章研究中所用锂离子动力电池和实验平台即为第 5 章介绍的锂离子动力电池和实验平台，因此着重介绍对于 NCR 电池进行的 EIS 测试。

本节选取了电池荷电状态为 50%时，电池在不同温度下的 EIS 量。选取 1℃作为间隔对低温下−20～0℃的 EIS 进行了测量，并同时对 5℃和 25℃的数据进行了测量。

不同温度下锂离子动力电池的电化学阻抗谱如图 6-1 所示，其中阻抗谱测试的频率为 10^{-1}～10^4Hz，交流电压扰动的幅值被选为 10mV。由于在低温高频的情况下，电池夹具会对测试结果造成一定的干扰，所以在 5℃以下的交流阻抗谱没有考虑频率范围大于 3kHz 的部分。由图 6-1 可以看出，在低温下，电池的内阻有明显升高，与 25℃下的测试结果相比，在−20℃下电池的内阻增加了近 15 倍。因此，通过内部预热的方法对低温下的锂离子动力电池进行预热，能够最大限度地利用电池低温下较大的内阻实现更好的预热效果。

6.2 电池热电模型构建

6.2.1 Randles 等效电路模型

本节的工作中，锂离子动力电池采用了改进的 Randles 等效电路模型[1]，如图 6-2 所示。

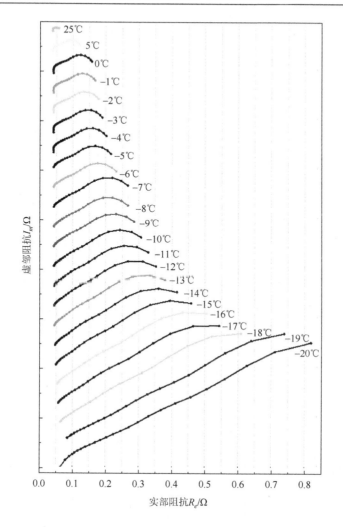

图 6-1　不同温度下锂离子动力电池的电化学阻抗谱

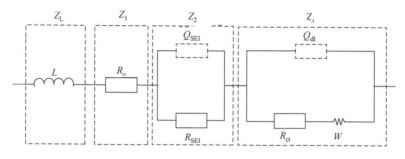

图 6-2　锂离子动力电池 Randles 等效电路模型

其中，Q_{SEI} 和 Q_{dl} 是常相位元件，由一个广义电容 Q 和一个抑制因子 n 组成。常相位元件阻抗可以由式（6-1）进行描述：

$$Z_{CPE} = \frac{1}{(j\omega)^n Q} \tag{6-1}$$

式中，j 为虚数单位；ω 为角频率。R_o 为电池的欧姆内阻，代表着电池的集电极，电极和电解液电阻。并联的电阻 R_{SEI} 和常相位元件 Q_{SEI} 代表了 SEI 膜现象。并联的电阻 R_{ct} 与 Q_{dl} 代表了电荷转移阻抗和电池的双电层现象。L 是金属元件在高频区域的电感，W 是电池 Warburg 阻抗，该扩散在低频率下通过电解液，电极表面和活性粒子发生。该模型被广泛地应用于交流阻抗的等效电路拟合。感抗部分 Z_L 通常来自于测试线路和仪器，且只在超高频率下表现出来，更重要的是其对整个电路的阻抗实部没有贡献，在计算阻抗实部时可以忽略。扩散过程对应的阻抗 W，通常表现在很低的频率下，并且相比于常温，低温下扩散过程的特征频率会变得更低，即扩散过程对应的阻抗值很小，因而也可以忽略。简化的锂离子动力电池等效电路模型如图 6-3 所示。

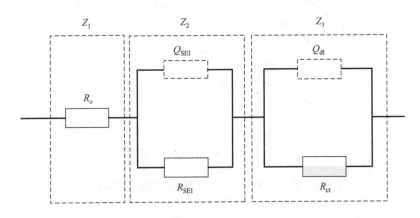

图 6-3　简化的锂离子动力电池等效电路模型

电路中的 Q_{SEI} 与 Q_{dl} 属于常相位角元件（constant phase element，CPE），常相位角元件由 CPE 系数和 CPE 指数描述，其阻抗表达式为

$$Z_{CPE} = \frac{1}{(j\omega)^n Q} = \frac{1}{\left(\cos\frac{n\pi}{2} + j\sin\frac{n\pi}{2}\right)\omega^n Q} \tag{6-2}$$

图 6-3 中的锂离子动力电池等效电路阻抗的实部表达式如式（6-3）所示。

$$Z_{RE} = R_o + \cfrac{\cfrac{1}{R_{SEI}} + Q_{SEI}\omega^{n_{SEI}}\cos\cfrac{n_{SEI}\pi}{2}}{\left(\cfrac{1}{R_{SEI}}\right)^2 + \cfrac{2}{R_{SEI}}Q_{SEI}\omega^{n_{SEI}}\cos\cfrac{n_{SEI}\pi}{2} + (Q_{SEI}\omega^{n_{SEI}})^2}$$

$$+ \cfrac{\cfrac{1}{R_{ct}} + Q_{dl}\omega^{n_{dl}}\cos\cfrac{n_{dl}\pi}{2}}{\left(\cfrac{1}{R_{ct}}\right)^2 + \cfrac{2}{R_{ct}}Q_{dl}\omega^{n_{dl}}\cos\cfrac{n_{dl}\pi}{2} + (Q_{dl}\omega^{n_{dl}})^2}$$

$$(6\text{-}3)$$

式中，Q_{SEI} 与 n_{SEI} 分别为 Z_2 部分常相位角元件的 CPE 指数与 CPE 系数；Q_{dl} 与 n_{dl} 分别为 Z_3 部分常相位角元件的 CPE 指数与 CPE 系数；R_o、R_{SEI}、R_{ct} 分别为等效电路中的欧姆内阻、SEI 膜内阻与电荷转移阻抗。上述各个参数都对温度敏感，需要在不同温度下标定。ω 为交流电流的圆频率，锂离子动力电池的阻抗实部 Z_{Re} 和频率相关。电路中的各个参数可以通过锂离子动力电池的阻抗谱进行拟合。

6.2.2 等效电路模型参数识别

该等效电路模型的参数，通过对图 6-1 中的不同温度下锂离子动力电池的 EIS 使用 IviumSoft 软件拟合得到。本节使用最小二乘法进行计算，即可对等效电路模型中的 7 个参数进行拟合。不同频率下的阻抗分别表示电池的欧姆内阻、SEI 膜内阻和电荷转移阻抗。−20～5℃等效电路的拟合结果如图 6-4 所示，其中，T_1 为电池的热力学温度。

由图 6-4 可知，随着温度的下降，电池的欧姆内阻 R_o、SEI 膜内阻 R_{SEI} 和电荷转移阻抗 R_{ct} 都有不同程度的增加。与电池的欧姆内阻 R_o 和 SEI 膜内阻 R_{SEI} 相比，电荷转移阻抗 R_{ct} 的增加更为明显。并且，电荷转移阻抗 R_{ct} 和温度间的关系

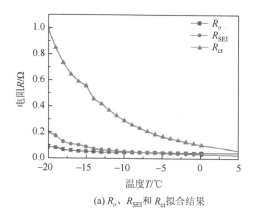

(a) R_o、R_{SEI} 和 R_{ct} 拟合结果

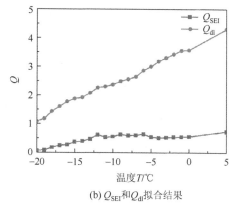

(b) Q_{SEI} 和 Q_{dl} 拟合结果

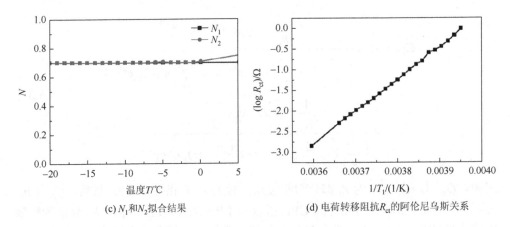

(c) N_1和N_2拟合结果　　　　　　　(d) 电荷转移阻抗R_{ct}的阿伦尼乌斯关系

图 6-4　−20～5℃等效电路的拟合结果

符合阿伦尼乌斯关系，如图 6-4（d）所示。该结果表明低温下电池阻抗较大的主要原因是电荷转移阻抗 R_{ct} 的增加。Q_{SEI} 和 Q_{dl} 随着温度降低有不同程度减小，且变化规律不明显。抑制因子 N 如图 6-4（c）所示，保持在 0.7 左右。

　　由于常相位元件的存在，该等效电路模型为分数阶模型。目前，对于分数阶模型的求解有多种方法，但是这些方法多数需要复杂的求解过程[2, 3]。为了简化计算，选择特定频率下的常相位元件进行等效替代，常相位元件的阻抗如下：

$$Z_{cpe} = \frac{1}{(j\omega)^n Q} = \frac{1}{\left(\cos\dfrac{n\pi}{2} + j\sin\dfrac{n\pi}{2}\right)\omega^n Q} = \frac{\cos\dfrac{n\pi}{2}}{\omega^n Q} + \frac{\sin\dfrac{n\pi}{2}}{j\omega^n Q} \tag{6-4}$$

式中，ω 为交流激励的角频率；n 为常相位元件的阶数。在指定频率的情况下，常相位元件可以等效为等效电阻 R_{eq} 和等效电容 C_{eq} 串联，其中，

$$R_{eq} = \frac{\cos\dfrac{n\pi}{2}}{\omega^n Q}, \quad C_{eq} = \frac{\omega^n Q}{\omega\sin\dfrac{n\pi}{2}} \tag{6-5}$$

　　进而，整个电池的等效电路模型可以写作式（6-6）～式（6-8）中的形式：

$$U(k) = U_{oc}(k) + U_{SEI}(k) + U_{ct}(k) \tag{6-6}$$

$$U_{SEI}(k) = \frac{\dfrac{I(k)-I(k-1)}{\Delta t} R_{SEI} \cdot R_{eq1} + \dfrac{I(k)R_{SEI}}{C_{eq1}} + \dfrac{U_{SEI}(k-1)}{\Delta t}(R_{SEI} + R_{eq1})}{\dfrac{R_{SEI} + R_{eq1}}{\Delta t} + \dfrac{1}{C_{eq1}}} \tag{6-7}$$

$$U_{ct}(k) = \frac{\dfrac{I(k)-I(k-1)}{\Delta t}R_{ct} \cdot R_{eq2} + \dfrac{I(k)R_{ct}}{C_{eq2}} + \dfrac{U_{ct}(k-1)}{\Delta t}(R_{ct}+R_{eq2})}{\dfrac{R_{ct}+R_{eq2}}{\Delta t} + \dfrac{1}{C_{eq2}}} \quad (6\text{-}8)$$

式中，$I(k)$ 为不同时刻流过电池的电流；Δt 为采样时间；R_{eq1}、C_{eq1}、R_{eq2} 和 C_{eq2} 分别为特定频率下 Q_{SEI} 与 Q_{dl} 的等效电阻和电容；U_{oc} 为电池的开路电压；U_{SEI} 和 U_{ct} 分别为电池 SEI 膜内阻的端电压与电荷转移阻抗的端电压。

6.2.3　等效电路模型的验证

本节为验证等效电路模型及其参数的准确性，对等效电路模型进行了实验验证。验证通过电池充放电机实现，其中电池荷电状态选择为 50% SOC，电池的开路电压为 3.67V。一个频率为 1Hz、幅值为 1A 的脉冲激励被加载于温度为−10℃的电池上。电池的电压响应通过式（6-6）～式（6-8）计算得到。−10℃下 1Hz、1A 脉冲激励响应等效电路模型的验证如图 6-5 所示。由于电池每一部分的电压响应无法观测，如电池欧姆内阻上的电压响应无法在实验中实测得到，电池的端电压被作为等效电路模型验证的判据。由图 6-5（a）可以看出，除第一个脉冲外，等效电路模型能够精确地预测电池在交流激励下的脉冲响应。模型的相对误差小于 1.2%，如图 6-5（b）所示，结果表明该等效电路模型能够很好地对电池的端电压进行预测。

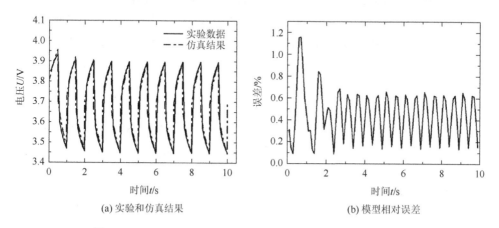

(a) 实验和仿真结果　　　　　　　　　　(b) 模型相对误差

图 6-5　−10℃下 1Hz、1A 脉冲激励响应等效电路模型的验证

6.2.4　基于交流阻抗的频域产热模型

针对低温下锂离子动力电池在交流激励下产热的问题，本节建立基于交流阻

抗的频域产热模型[4]。当使用脉冲激励对电池进行预热时，由于电池本身的荷电状态变化不大，所以电池产热可以认为仅由欧姆热一项提供，即

$$\dot{Q} = I^2 Z_{\text{Re}} \tag{6-9}$$

式中，I 为脉冲电流的幅值；Z_{Re} 为电池的实部阻抗。Z_{Re} 直接通过电池的 EIS 得到而不是通过等效电路模型计算得到。该过程更为简单且被证明具有良好的效果。

电池的温升可以由式（6-10）中的集总能量守恒方程得到，即

$$mc\frac{\mathrm{d}T}{\mathrm{d}t} = \dot{Q} - hS(T - T_\infty) \tag{6-10}$$

式中，T 为电池温度；m 为电池质量；c 为该款电池的比热容；h 为等效对流换热系数；S 为电池表面积；T_∞ 是环境温度。$hS(T - T_\infty)$ 一项代表了电池的散热过程。

电池的等效对流换热系数 h 由电池的散热过程曲线得到，当电池不存在自产热时，在每一个特定的温度区间，电池的对流换热系数可以看作一个定值，因此，式（6-10）可以简化为以下形式：

$$mc\frac{\mathrm{d}T}{\mathrm{d}t} = -hS(T - T_\infty) \tag{6-11}$$

将变量 T 和 t 分离并对方程两端积分，可以得到

$$\ln(T - T_\infty) = -\frac{hS}{mc}t + C_1 \tag{6-12}$$

式中，C_1 为一个定值，该定值可以通过 $\ln(T - T_\infty)$ 的初始值得到。电池的冷却曲线如图 6-6（a）所示，计算 $\ln(T - T_\infty)$ 曲线并以每 5℃作为温度间隔对电池曲线进行分段线性拟合，最终可以得到电池不同温度区间的对流换热系数，如图 6-6（b）所示。

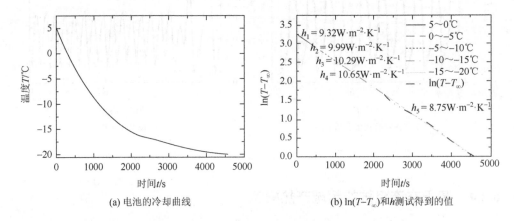

(a) 电池的冷却曲线　　　　　　　　(b) $\ln(T-T_\infty)$ 和 h 测试得到的值

图 6-6　对流换热系数的计算

6.2.5　电池产热模型的验证

电池频域内产热模型的验证通过一个定幅值定频率的脉冲电流预热实验来进行。首先，进行阻抗谱测量，拟合等效电路参数，其次，借助于两个不同大小的保温盒搭建两种不同对流换热系数的保温条件，然后进行不同保温条件、不同频率与幅值的交流预热实验，对模型预测结果进行验证。使用一个频率为50Hz、幅值为 3A 的脉冲电流，加热初始温度为−20℃的电池，预热过程的截止条件设置为电池的温度达到 5℃或者预热时间超过了 0.5h。在预热过程中，本节采用 6 个精度为 0.1℃的 K-型热电偶测量电池温度，其中 3 个热电偶沿圆周方向均匀布置在电池的 1/3 高度处，另外 3 个热电偶沿圆周方向均匀布置在电池的 2/3 高度处。

电池产热仿真与实验结果如图 6-7 所示。由图 6-7 可知，在 900s 的预热过程中，在 200s 处仿真和实验结果有一定的差异，该差异由每个温度区间内固定的等效对流换热系数造成。该产热模型在总体上相对准确，尽管存在误差，但实验结果和模型计算温度绝对误差不超过 1℃。在预热过程接近结束时，仿真结果与实验结果相吻合。因此，该模型能够被用于电池温升过程的分析。

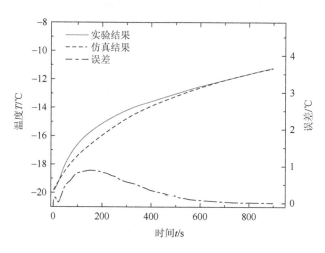

图 6-7　电池产热仿真与实验结果

6.3　低温脉冲预热电流幅值优化控制策略

锂离子动力电池在充电过程中，锂离子会从正极脱嵌并嵌入负极。但是在极端情况下会出现正极脱嵌的锂离子无法嵌入负极的情况，那么锂离子就只能在负极表面析出，从而形成一层灰色的物质，称为析锂。当采用交流脉冲电流进行预热时，电池的容量衰减主要由大倍率充放电时电池石墨负极的析锂造成。在极端的情况下，析锂导致的锂枝晶甚至能够刺破隔膜，造成电池的内短路[5]。为了避免析锂导致的电池容量衰减的产生，对脉冲加热电流的幅值和频率应进行控制。应当制定一个合适的加热策略在保证加热速率的同时避免析锂的发生，抑制加热过程中的容量衰减。

6.3.1　电池发生析锂的电位判据

电池的析锂电位判据[6-8]被用于分析主要发生在电池负极的析锂现象。为了避免析锂的发生，应满足如下的条件：

$$\phi_{sn} - \phi_{ln} > E_{Li/Li+} \tag{6-13}$$

式中，ϕ_{sn} 为电池负极固相电势；ϕ_{ln} 为电池负极液相电势；$E_{Li/Li+}$ 为析锂发生的电位。

当析锂反应发生时，锂离子需要得到电子还原为锂金属，通常认为析锂反应初始发生在石墨颗粒表面 SEI 膜内部，该处的嵌锂反应过电势为

$$\eta_n = \phi_{sn} - \phi_{ln} - U_e \tag{6-14}$$

在本节中，U_e 为电池在 50% SOC 的负极电位，由于负极电位的测量需要参比电极，且对于相同的材料负极电位差别较小，故本节中 U_e 的值采用文献[9]中的值（0.122V）。因此，由式（6-13）和式（6-14）可知，当不发生析锂时，满足以下条件：

$$\eta_n + U_e = \phi_{sn} - \phi_{ln} > 0 \tag{6-15}$$

$$|\eta_n| < U_e \tag{6-16}$$

负极过电位可以进一步近似成以下形式：

$$|\eta_n| \approx i_{ct} \cdot R_{ctn} \tag{6-17}$$

式中，i_{ct} 为流过电池负极电荷转移阻抗的电流；R_{ctn} 为电池负极的转移阻抗。在低温下，由于电池负极的电荷转移阻抗要远大于正极，且负极电荷转移阻抗的测量需要通过参比电极来实现。在这里，电池的正极电荷转移阻抗的影响被忽略，全电池的电荷转移阻抗被用于计算负极过电位。

$$|\eta_n| \approx i_{ct} \cdot R_{ct} = U_{ct} \tag{6-18}$$

因此，抑制析锂产生的电位判据为

$$U_{ct} < U_e \tag{6-19}$$

式中，U_{ct} 为电池电荷转移阻抗的端电压。在交流脉冲激励下，该电压可以根据前面建立的电池的等效电路模型由式（6-6）计算得到。

6.3.2 抑制容量衰减的脉冲预热策略

根据发生析锂的电位判据，虽然增加预热脉冲电流的幅值能够显著地增加电池的预热速率，但是同样电流幅值的增加会带来析锂的风险，造成预热过程中的容量衰减。因此，脉冲预热过程中电流的幅值和频率需要进行优化以在保证预热速率的同时抑制预热过程中的电池容量衰减。在本节中，脉冲预热电流的幅值上限根据实际应用场景下电池的特性被限制为 10A，频率上限被设定为 100Hz。初始的预热温度被设置为–20℃，电池预热至 5℃即可满足正常使用。

最小化容量衰减的预热策略流程如图 6-8 所示。首先，对在特定温度下允许的最大预热电流幅值进行了计算。电池的阻抗根据电池的温度进行选取，电荷转移阻抗的端电压根据式（6-6）进行了计算。持续增加预热脉冲电流的幅值和频率，

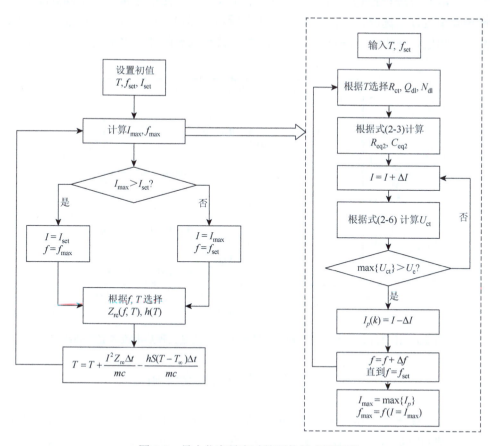

图 6-8 最小化容量衰减的预热策略流程图

直至电池电荷转移阻抗的最大端电压达到析锂电位 $\max\{U_{ct}\} > U_e$。记录下此温度下允许的最大预热电流 I_{max} 和相应的频率 f_{max}。然后，分为以下两种情况进行讨论。一种情况是最大允许预热电流的上限高于设置的电流上限 I_{set}，此时为了保证安全，预热的电流幅值被设置为最大允许电流上限 I_{set}。为了保证最大预热速率，预热的频率适当降低以保证电池有较大的实部阻抗。这意味着此时预热电流的频率为 f_{max}。另一种情况是最大允许预热电流的幅值 I_{max} 小于设定电流幅值 I_{set} 的上限，为了满足预热速率的需求，预热电流的幅值选为 I_{max}，频率选为 f_{set}。电池的温度通过产热模型及热平衡方程进行计算，预热电流频率和幅值随着电池温度的变化进行更新。

根据实际使用时的条件，加热脉冲的频率和幅值被选择为每隔 5℃ 进行一次切换直到电池升温至 5℃。计算得到的不同温度和不同频率下允许的最大预热电流幅值等高线图如图 6-9 所示。在等高线右侧的点即意味着该点允许以该线所代表的电流幅值进行预热。结合实际控制需求及预留一定的裕量，对不同温度下的预热频率进行了选取，如图 6-9 中标注点所示，尽可能提高频率实现最大预热脉冲电流幅值，在幅值无法进一步加大时通过减小预热脉冲频率来提高预热速率。

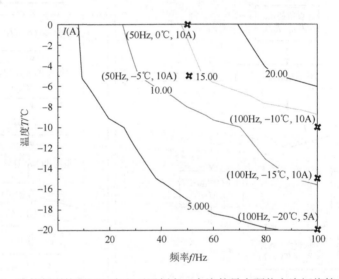

图 6-9　计算得到的不同温度和不同频率下允许的最大预热电流幅值等高线图

6.4　实验结果及比较分析

为验证该策略对电池容量衰减的抑制作用，设置了一组对照实验，用于分析不考虑抑制容量衰减的情况下脉冲预热过程对电池容量衰减的作用。为满足控制变量的需求，该对照策略的预热速率根据频域内产热模型被设置的与所提出策略相似，从–20℃预热至 5℃用时 340s。但该对照策略脉冲预热电流的频率要小于抑制容量衰减的脉冲预热策略使用的频率，这是由于高频可以在一定程度上避免析锂，因此对照实验的脉冲频率被设置为 1Hz。两种脉冲预热策略如表 6-1 所示。

表 6-1　两种脉冲预热策略

温度区间	抑制容量衰减的预热策略	对照预热策略
–20～–15℃	5A，100Hz	5A，1Hz
–15～–10℃	10A，100Hz	7A，1Hz
–10～–5℃	10A，100Hz	7A，1Hz
–5～0℃	10A，50Hz	7A，1Hz
0～5℃	10A，50Hz	7A，1Hz

6.4.1　脉冲预热策略预热效果验证

通过对电池的预热实验实现对本章中所提出的脉冲预热策略的预热效果验证，按照上述所提出的抑制容量衰减的预热策略对锂离子动力电池进行预热。抑制容量衰减的预热策略的实验结果和仿真结果如图 6-10 所示。电池从–20℃预热到 5℃用时 308s，最终温升速率为 4.87℃/min，能够满足实际应用场景的需要。从图 6-10 可以看出，频域内产热模型计算结果和实际的脉冲预热实验有一定误差，但该误差小于 1℃，进一步验证了该产热模型的有效性。

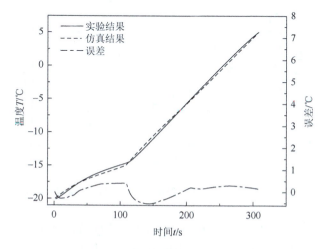

图 6-10　抑制容量衰减的预热策略的实验结果和仿真结果

6.4.2　两种预热循环下容量衰减情况分析

在低温预热过程中的容量衰减主要由析锂产生。目前，大多数检测析锂的方法需要将电池拆解，通过外特性进行析锂辨识的充电后弛豫差分电压曲线 dV/dT 方法需要通过充电后的弛豫过程进行观测。而本章采用的脉冲交流预热策略拥有相同的充放电容量，这也意味着预热过程结束后不存在一段明显的弛豫过程，使用弛豫差分电压曲线的方法无法实现很好的观测。因此，本章中对电池衰减机理的分析主要使用差分电压曲线 dV/dQ 的方法来实现。

差分电压分析方法可以用于分析动力电池的衰退过程与老化机理，其特点在于差分电压曲线上往往能呈现出清晰可辨的峰。电池充放电提供的最直接的信息是剩余容量，通常使用 1C 的倍率来确定。差分电压法只需对小电流下的电压和电容进行微分即可得到。从 dV/dQ 曲线可以得到电极的热力学退化因子，以及阴极活性物质损耗、阳极活性物质损耗和锂离子的缺失，即接近平衡状态下时的容量降低。相比于容量增量分析法有利于更好地理解动力电池的老化。

在差分电压曲线中，DV 峰对应单相固溶区的非化学计量的夹层反应，差分电压曲线被 DV 峰分割成三个区域，每个区域对应于反应中相变的容量。可以通过差分电压曲线的特征进行对比，分析动力电池的老化机理。差分电压分析法容易量化三个峰的容量损失，三个峰通常记为 Q_A、Q_B 与 Q_C。图 6-11 给出了动力电池在老化循环下容量 Q_A、Q_B 与 Q_C 随循环次数的演化，其中放电深度均设置为 50%。

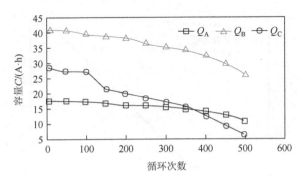

图 6-11　动力电池在老化循环下容量 Q_A、Q_B 与 Q_C 随循环次数的演化

图 6-11 表明，随着循环次数增加，Q_A、Q_B 与 Q_C 显著减小。Q_A 与 Q_C 的下降速度几乎相同，说明其容量损失是由电解液中活性物质的损失引起的。Q_C 以更高的速度下降，表明除了失去活性物质，还存在锂离子的损失。显然，Q_B 和动力电

池老化之间的映射关系适用于动力电池 SOH 的估计。

在低温预热过程中，单个循环所造成的容量衰减一般较小，很难观测得到。因而，为了观测预热循环造成的容量衰减，本章采用了多次循环后进行测试的方法对两种不同策略造成的容量衰减进行研究。本章提出的能够抑制容量衰减的预热策略被应用于 1 号电池。未考虑容量衰减的对照策略被应用于 2 号电池。1 号电池进行了 30 次预热循环，而 2 号电池只经历了 10 次循环，因为在 10 次循环过程中，2 号电池观测到了明显的容量衰减。这意味着有锂沉积产生，继续实验存在一定的安全风险，如内短路最终导致热失控等。

如图 6-12（a）所示，2 号电池的容量在 10 次预热循环后相较于初始容量下降了 3.7%。电池 1 的容量在 30 次预热循环后相较于初始容量仅衰减 0.035%。从容量衰减的角度来看，本章提出的脉冲加热策略能够有效地减小在电池预热过程中存在的容量衰减情况。由图 6-12（b）的 dV/dQ 曲线可以看出，在经历了 30 次预热循环后，电池的差分电压曲线基本保持不变，无明显的锂库存损失。

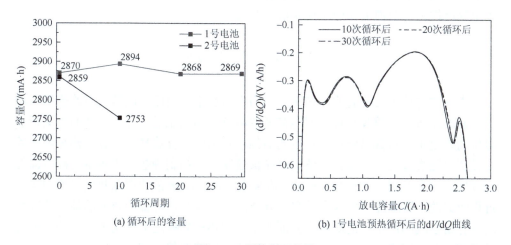

(a) 循环后的容量　　　　　(b) 1号电池预热循环后的dV/dQ曲线

图 6-12　预热循环结果

为进一步分析 2 号电池容量衰减机理，在循环前后进行了 2 号电池的 0.2C 倍率下小倍率充放电实验。2 号电池在小倍率放电过程中的放电曲线和容量-电压 dV/dQ 曲线如图 6-13 所示。dV/dQ 曲线可以分为 4 个部分[8]，如图 6-13（b）所示。在循环前后，A 部分基本保持不变。B 部分和 C 部分有一个明显的下降，其原因为电池活性材料的损失。该损失由金属锂的连续沉积和溶解造成，这种连续的沉积和溶解造成了额外的体积应力并导致了活性材料被电隔离[3]。同时，B 部分和 C 部分的变化说明了锂库存的损失[4]。D 部分出现了一个较小的衰减，表明了可循环锂的损失。

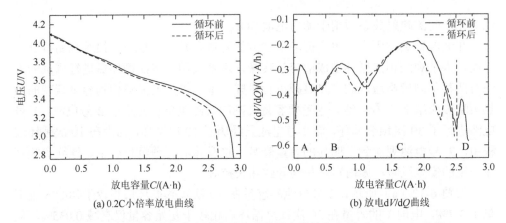

(a) 0.2C小倍率放电曲线　　　　　　　　　　(b) 放电dV/dQ曲线

图 6-13　2 号电池在小倍率放电过程中的放电曲线和容量-电压 dV/dQ 曲线

综上所述，如果采用不合适的频率和幅值对锂离子动力电池进行脉冲加热，能够导致锂离子动力电池明显的容量衰减。通过差分电压曲线可知，该衰减主要由电池活性物质的损失和锂库存的损失造成。

6.5　本章小结

本章首先基于 EIS 建立了锂离子动力电池在不同温度下的等效电路模型，通过 Randles 等效电路模型能够对电荷转移阻抗的端电压进行计算，从而根据析锂电位的判定条件对低温脉冲预热电流的频率和幅值进行选择；通过预热循环实验及设置对照实验的方式验证了该策略在预热速率和抑制预热过程容量衰减方面的有效性。本章中制定的预热策略能够在实现 4.87℃/min 的快速预热同时避免预热过程较大的电流脉冲幅值带来的容量衰减，30 次预热循环证明该方法能够有效地避免容量衰减的产生。而对照实验证明了在预热速率相近的情况下使用不合适的频率和幅值对锂离子动力电池进行脉冲预热，虽然取得了相近的预热效果，但电池活性物质的损失和锂库存的损失造成了明显的电池容量衰减。锂离子动力电池低温脉冲预热的方法有很好的效果，但预热时脉冲的幅值和频率应合理选择，以达到最佳的低温预热的效果。

参 考 文 献

[1]　Pastor-Fernández C，Widanage W D，Marco J，et al. Identification and quantification of ageing mechanisms in Lithium-ion batteries using the EIS technique[C]. 2016 IEEE Transportation Electrification Conference and Expo（ITEC），Dearborn，2016：1-6.

[2]　Tian J P，Xiong R，Yu Q J. Fractional-order model-based incremental capacity analysis for degradation state recognition of lithium-ion batteries[J]. IEEE Transactions on Industrial Electronics，2019，66（2）：1576-1584.

[3]　Eddine A N，Huard B，Gabano J D，et al. Initialization of a fractional order identification algorithm applied for Lithium-ion battery modeling in time domain[J]. Communications in Nonlinear Science and Numerical Simulation，2018，59：375-386.

[4]　Zhang J B，Ge H，Li Z，et al. Internal heating of lithium-ion batteries using alternating current based on the heat generation model in frequency domain[J]. Journal of Power Sources，2015，273：1030-1037.

[5]　Conte F V. Battery and battery management for hybrid electric vehicles：A review[J]. Elektrotechnik und Informationstechnik，2006，123（10）：424-431.

[6]　Ge H，Huang J，Zhang J，et al. Temperature-adaptive alternating current preheating of Lithium-ion batteries with lithium deposition prevention[J]. Journal of the Electrochemical Society，2016，163（2）：A290-A299.

[7]　Jiang J C，Ruan H J，Sun B X，et al. A low-temperature internal heating strategy without lifetime reduction for large-size automotive Lithium-ion battery pack[J]. Applied Energy，2018，230：257-266.

[8]　Petzl M，Kasper M，Danzer M A. Lithium plating in a commercial lithium-ion battery-A low-temperature aging study[J]. Journal of Power Sources，2015，275：799-807.

[9]　Wu X G，Cui Z H，Chen E S，et al. Capacity degradation minimization oriented optimization for the pulse preheating of Lithium-ion batteries under low temperature[J]. Journal of Energy Storage，2020，31：101746.

第7章　锂离子动力电池系统外部预热方法

在低温环境下，锂离子动力电池预热可以采用外部预热的方式，实现动力电池系统的快速升温。本章对采用电加热膜等热传导方式的动力电池系统外部预热方式进行介绍。该种方式与内部预热方式相结合，可以有效提升动力电池系统预热速度和温度分布的一致性。

7.1　锂离子动力电池低温外部预热系统的仿真分析

7.1.1　锂离子动力电池的热模型建立

根据第 3 章电池在预热过程中的热平衡方程，可以得到在电池没有内部产热时，电池的预热平衡方程：

$$Q_e + Q_l = Q_b \tag{7-1}$$

当利用电热膜预热时，电池的热量交换主要包括热膜传递给电池的热量，以及电池表面与空气之间的对流。由于空气也会被电热膜加热，所以电池与空气之间的热交换方向是不确定的。电池单位体积内吸收的能量 q_b 与温升 ΔT 之间的关系为

$$q_b = \rho c_p \Delta T \tag{7-2}$$

式中，ρ 为密度；c_p 为比热容。热膜传递给电池的热量 q_l 为

$$q_l = \Delta(k \Delta T) \tag{7-3}$$

式中，k 为电池的导热系数，电池与空气的热量交换 q_e 为

$$q_e = h(T_{ext} - T) \tag{7-4}$$

式中，T_{ext} 为空气温度；T 为电池温度。

根据现有文献中电池热模型的研究，笛卡儿坐标系下的电池三维非稳态热模型的热传导微分方程为[1, 2]

$$\rho c \frac{\partial T}{\partial t} = \frac{\partial}{\partial x}\left(\lambda_x \frac{\partial T}{\partial x}\right) + \frac{\partial}{\partial y}\left(\lambda_y \frac{\partial T}{\partial y}\right) + \frac{\partial}{\partial z}\left(\lambda_z \frac{\partial T}{\partial z}\right) + h(T_{ext} - T) \tag{7-5}$$

7.1.2　锂离子动力电池的热模型参数辨识

在建模过程中，将电池单体等效为一个整体，而由于电池是一个多材料组合

的个体，因此根据电池热模型公式，需要辨识的参数为电池的密度、比热容、各向传热系数及热交换系数。其中，热交换过程发生在电池表面，可以根据电池表面的材料来确定热交换系数 h，其他参数则需要通过实验来进行辨识标定。本章分别对所选的电池进行了密度、比热容及各项热传递系数的参数辨识。

电池的密度计算比较简单，只需要测量电池的质量和体积就可以根据 $\rho = m/V$ 计算得到。经过测量和计算，可以得到电池的密度为 2250kg/m^3。

对于电池的比热容值的辨识，本章根据电池产热功率计算，如式（7-6）所示[3, 4]。

$$q = I(E - E_0) - IT\frac{\mathrm{d}E}{\mathrm{d}T} \tag{7-6}$$

式中，q 为电池的整体发热功率；I 为通过电池的电流；E 为工作时电池两端的端电压；E_0 为电池在该 SOC 点的开路电压；$\mathrm{d}E/\mathrm{d}T$ 为电池的温度对开路电压的影响因子。

根据传热学中对于等效比热容的定律[5, 6]：

$$q' = C_p m\frac{\mathrm{d}T}{\mathrm{d}t} \tag{7-7}$$

式中，q' 为电池单位时间内吸收的热量；m 为电池的质量；C_p 为电池的等效比热容。

在理想绝热条件下，电池在工作过程中发出的热量等于电池吸收的热量，在加热过程中，$T\mathrm{d}E/\mathrm{d}T$ 变化较小，一般可以认为是常量，$q = q'$。联立式（7-6）和式（7-7），可得

$$I(E - E_0) - IT\frac{\mathrm{d}E}{\mathrm{d}T} = C_p m\frac{\mathrm{d}T}{\mathrm{d}t} \tag{7-8}$$

根据式（7-8），本节设计一组电池的正负脉冲充放电循环实验，充放电倍率均为 1C，充放电周期均为 10s。脉冲实验前将电池按电池手册中的标准充电程序将电池充满，静置 6h 后开始正负脉冲充放电循环实验，由于正负脉冲的幅值和周期都相同，理论上电池的电量不会有消耗，因此在脉冲周期内与电池 SOC 相关的产热率可以认为是保持不变的。

根据式（7-6）的电池产热关系式，电池在一个周期内的发热功率可以经计算得到。由于电池的温度变化是一个较缓慢的过程，因此本章对电池进行了持续 90 个充放电循环，测量电池的温度变化数据，计算电池的平均温升速率以得到电池的等效比热容。

电池的正负脉冲充放电循环实验如图 7-1 所示，电池表面完全被隔热棉包裹，在电池的各个表面均布置了温度传感器，将得到的各点温度数据进行平均值计算处理后得到如图 7-2 所示的曲线。经过线性拟合分析后可以得到电池的平均温升

速率为 0.0074℃/s，由此可以根据公式计算得到电池的平均发热功率为 19W，再根据式（7-7）可以计算得到所用的 40A·h 磷酸铁锂锂离子动力电池的等效比热容为 $C_p = 1142J/(kg·K)$。

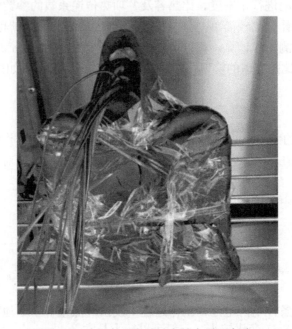

图 7-1　电池的正负脉冲充放电循环实验

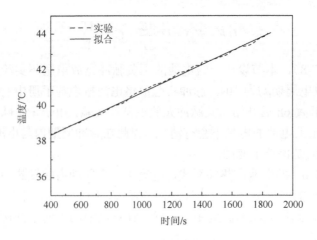

图 7-2　比热容测试温度曲线

由于电池的内部是一个多材料复合形成的混合体[7]，因此电池的热传导系数需要根据各部分电池材料进行等效计算得到。图 7-3 中表明了方形电池各个方向的笛卡儿坐标系方向。根据方形电池的布置结构可得 x 方向上电池的结构示意图，如图 7-4 所示。

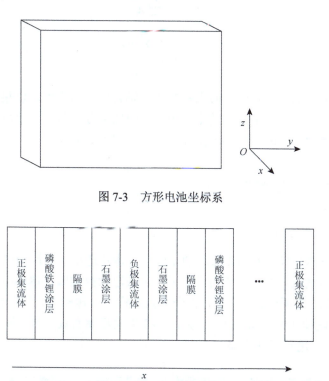

图 7-3 方形电池坐标系

图 7-4 方形电池布置结构

电池内部结构的各种涂层的信息可从电池生产厂家及文献[8]中获得，本章中所用的电池相关结构层的厚度与导热系数如表 7-1 所示。

表 7-1 电池相关热参数

涂层	厚度/μm	导热系数/(W/(m·K))
铝箔	20	238
铜箔	10	398
隔膜	40	0.38
磷酸铁锂涂层	100	1.48
石墨涂层	96	1.04

根据传热学中给出的各向等效导热系数计算方法，本章中所用电池的各向等效导热系数可由如下公式进行计算[9]：

$$\lambda_x = \frac{w}{\sum\limits_{i=1}^{n} \dfrac{w_i}{\lambda_i}} \tag{7-9}$$

$$\lambda_y = \lambda_z = \frac{\sum\limits_{i=1}^{n} w_i \lambda_i}{w} \tag{7-10}$$

式中，w 为 x 轴上内核宽度；w_i 为各层在 x 轴方向上的宽度，以集流板平面的法向为 x 方向，结合表 7-1 提供的电池内核各组成部分参数信息即可获取电池各方向上导热系数为 $\lambda_x = 0.95\text{W}/(\text{m·K})$，$\lambda_y = \lambda_z = 18.3\text{W}/(\text{m·K})$。

7.1.3　热模型仿真验证

1. 单体电池的预热实验

为验证电池热模型及仿真过程的正确性，本章选用了两块 40A·h 方形磷酸铁锂锂离子动力电池，在实验箱内设计了一组低温预热实验，单体电池低温预热实验箱结构如图 7-5 所示。在电池的各个表面布置温度传感器，采集电池各点温度。两个相同的电池平行放置在电热膜上，将实验箱搁置在 −25℃ 条件下的恒温箱内，静置 6h 后进行预热实验。

图 7-5　单体电池低温预热实验箱结构

预热实验开始时电池初始平均温度为 −23℃，调节热膜输出功率为 88W，加热 43min 后，电池平均温度上升至 5℃ 停止加热，得到预热过程中两个电池的温度变化数据，用于后续与仿真结果进行对比分析。

2. 单体电池的预热仿真

根据之前建立的电池单体热模型，采用多物理场仿真软件来进行电池低温预热过程的仿真分析。首先根据电池单体预热实验中各部分结构的物理尺寸建立仿真的几何模型，如图 7-6 所示。几何模型实体主要包括电池单体、电加热膜、空气及实验箱绝热内表面。

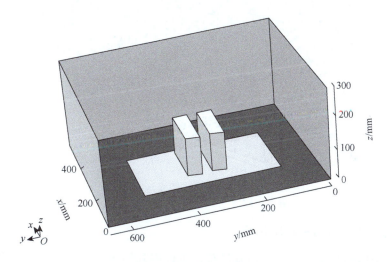

图 7-6　仿真几何模型

构建完几何模型之后，需要对各部分实体进行材料及热物性相关参数的设置，仿真相关参数如表 7-2 所示。

在电池预热过程中涉及的主要物理场为固体传热场，其中电加热膜设置为热源，平均功率为 88W。热膜与实验箱内空气进行自然对流，实验箱内壁设为热绝缘状态，所有部分的初始温度均为−23℃。

表 7-2　仿真相关参数

部位	密度/(kg/m³)	导热系数/(W/(m·K))	比热容/(J/(kg·K))
电池	2250	$\lambda_x = 0.95$ $\lambda_y = \lambda_z = 18.3$	1142
电加热膜	1090	0.12	1420

由于几何模型的结构较为简单，因此采用较为精确的网格数量的物理场控制网格对其进行网格划分，如图 7-7 所示，网格数量为 72351 个。根据实验的预热

时间，设置仿真的时长为 43min，进行仿真后可以得到电池低温预热过程的仿真温度结果。

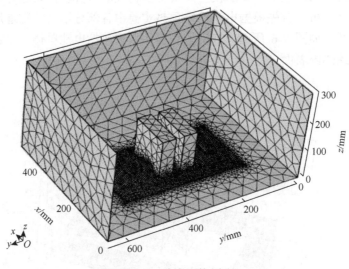

图 7-7　仿真网格划分

3. 仿真与实验结果对比分析

根据上述预热实验与预热仿真结果，可以得到如图 7-8 所示的电池平均温升对比曲线。可以看出，2000s 以前的上升曲线几乎重合，2000s 之后的仿真温度上升较慢，并且在结束加热时，电池的最大平均温度为 3.8℃，与实验结果存在一定的误差。但是，就整体仿真结果可以看出，所用电池热模型的仿真结果较好地表征实际的电池低温预热过程。

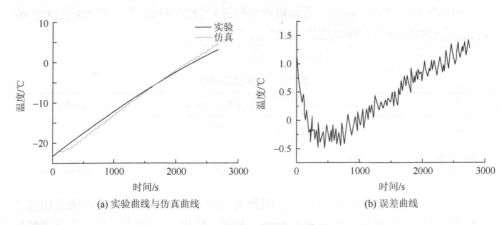

(a) 实验曲线与仿真曲线　　　　　　　　　(b) 误差曲线

图 7-8　仿真与实验对比曲线

7.1.4　电池组预热仿真模型的建立与仿真

1. 电池组预热仿真模型的构建

根据单体电池的预热仿真模型构建与仿真过程，首先针对设计的电池组进行几何模型的建立，根据实际几何尺寸 1∶1 构建电池组模型，如图 7-9 所示。

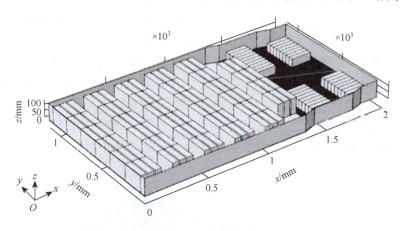

图 7-9　电池组仿真模型

与单体电池的仿真几何模型相比，电池组的几何模型体积较大，结构更为复杂，在进行网格划分时需要适当地降低网格的精确度，以减少整体网格数量，降低计算量。根据标准物理场控制几何网格法进行划分，得到网格划分结果如图 7-10 所示，网格数量为 1412306，网格质量较好，可以满足仿真要求。

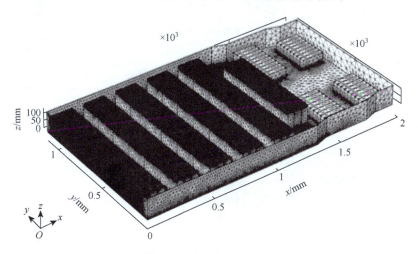

图 7-10　电池组仿真网格

2. 电池组预热仿真结果与分析

根据已经建立的电池组低温预热仿真模型，本节设计在不同环境温度、不同预热功率条件下的电池低温预热效果仿真，根据仿真结果分析电加热膜的预热方法在大型电池箱中的预热效果。为了与实际预热实验效果进行比较分析，环境温度分别设为-10℃、-20℃及-30℃，加热功率分别为输出100%、90%及80%占空比时对应的热膜输出功率，加热时间设置为1h。

当环境温度设置为-10℃时，得到2.2kW、2kW及1.8kW预热功率下的仿真结果，如图7-11所示，可以看出主电池组和辅助电池组的分布较为均匀，由于辅助电池组部分没有预热，温度一直保持初始温度。图7-12～图7-14为各预热功率下的主电池组的最高、最低及平均温度值。可以看出，1.8kW预热功率时电池的最高温度为8.36℃，位于主电池组的中央部分；最低温度为5.05℃，位于最靠近辅助电池一侧的部分；主电池组平均温度为7.41℃；2kW时预热功率时电池的最高温度为11.04℃，位于主电池组的中央部分；最低温度为7.27℃，位于最靠近

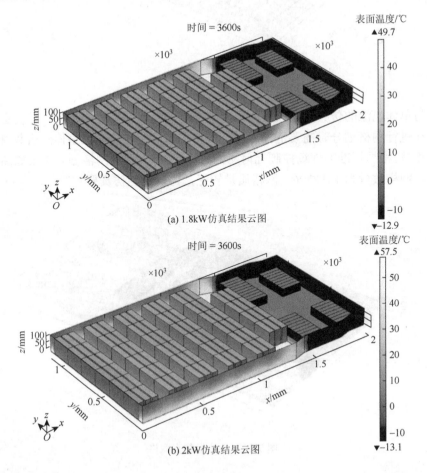

(a) 1.8kW仿真结果云图

(b) 2kW仿真结果云图

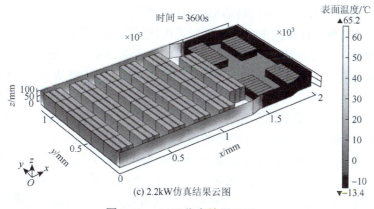

(c) 2.2kW仿真结果云图

图 7-11　-10℃仿真结果云图

辅助电池一侧的部分；主电池组平均温度为 9.95℃。2.2kW 预热功率时电池的最高温度为 13.55℃，位于主电池组的中火部分；最低温度为 9.32℃，位于最靠近辅助电池一侧的部分。主电池组平均温度为 12.33℃。

图 7-15 为-10℃温升对比曲线。

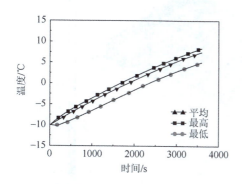

图 7-12　1.8kW 预热功率温升曲线

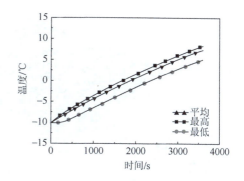

图 7-13　2kW 预热功率温升曲线

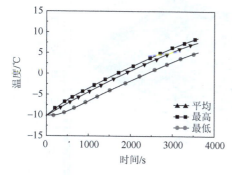

图 7-14　2.2kW 预热功率温升曲线

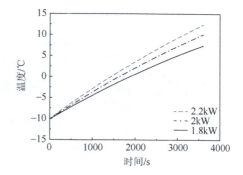

图 7-15　-10℃温升对比曲线

　　图 7-15 中对比了三种预热功率在-10℃环境下的主电池组平均温升情况，可以看出三种功率条件下的主电池组平均温度均呈现线性上升趋势，每下降 10%输出预热功率，预热至相同时间，平均温度相差为 2.38℃和 0.98℃。

　　当环境温度设置为-20℃时，得到 2.2kW、2kW 及 1.8kW 预热功率下的仿真结果，如图 7-16 所示，同样可以看出，主电池组和辅助电池组的分布较为均匀。图 7-17～图 7-19 中显示了各预热功率下的主电池组的最高、最低及平均温度值。可以看出，1.8kW 预热功率时电池的最高温度为 0.73℃，位于主电池组的中央部分；最低温度为-3.49℃，位于最靠近辅助电池一侧的部分；主电池组平均温度为-0.95℃。2kW 预热功率时电池的最高温度为 2.95℃，位于主电池组的中央部分；最低温度为-1.75℃，位于最靠近辅助电池一侧的部分；主电池组平均温度为 1.07℃。2.2kW 预热功率时电池的最高温度为 6.11℃，位于主电池组的中央部分；最低温度为 0.97℃，位于最靠近辅助电池一侧的部分；主电池组平均温度为 4.07℃。图 7-20为-20℃温升对比曲线。

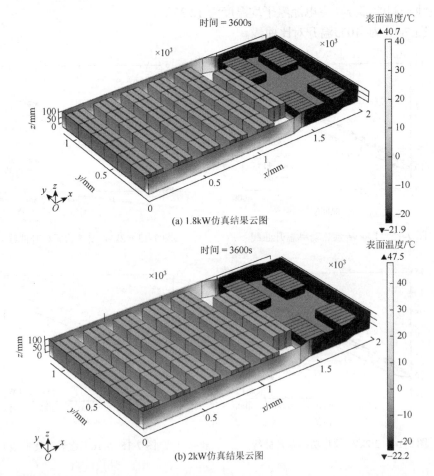

(a) 1.8kW仿真结果云图

(b) 2kW仿真结果云图

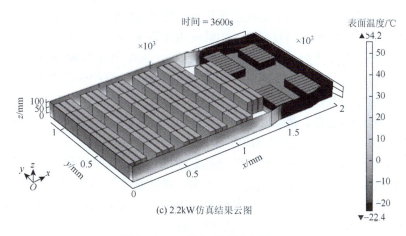

(c) 2.2kW仿真结果云图

图 7-16　−20℃仿真结果云图

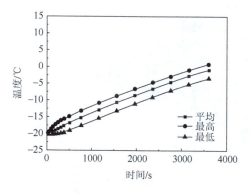

图 7-17　1.8kW 预热功率温升曲线

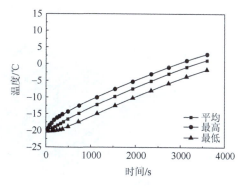

图 7-18　2kW 预热功率温升曲线

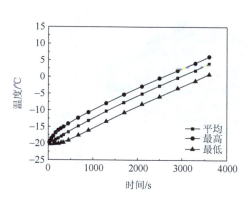

图 7-19　2.2kW 预热功率温升曲线

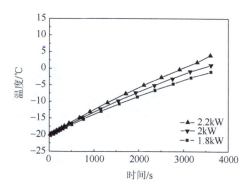

图 7-20　−20℃温升对比曲线

　　图 7-20 中对比了三种预热功率在–20℃环境下的主电池组平均温升情况,可以看出三种功率条件下的主电池组平均温度均呈现线性上升趋势,每下降 10%输出预热功率,预热至相同时间时平均温度相差为 3℃和 2.02℃。

　　当环境温度设置为–30℃时,得到 2.2kW、2kW 及 1.8kW 预热功率下的仿真云图,如图 7-21 所示,可以看出主电池组和辅助电池组的分布较为均匀,由于辅助电池组部分没有预热,温度一直保持初始温度。图 7-22～图 7-24 为各预热功率下的主电池组的最高、最低及平均温度值。可以看出,1.8kW 预热功率时电池的最高温度为–3.59℃,位于主电池组的中央部分;最低温度为–8.58℃,位于最靠近辅助电池一侧的部分;主电池组平均温度为–5.17℃;2kW 预热功率时电池的最高温度为–1.23℃,位于主电池组的中央部分;最低温度为–6.49℃,位于最靠近辅助电池一侧的部分;主电池组平均温度为–3.19℃;2.2kW 预热功率时电池的最高温度为 1.53℃,位于主电池组的中央部分;最低温度为–4.64℃,位于最靠近辅助电池一侧的部分;主电池组平均温度为–0.58℃。图 7-25 为–30℃温升对比曲线。

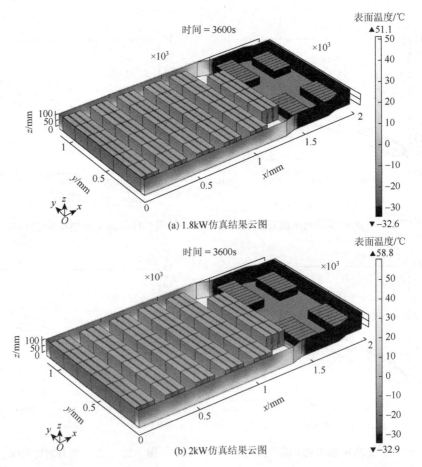

(a) 1.8kW仿真结果云图

(b) 2kW仿真结果云图

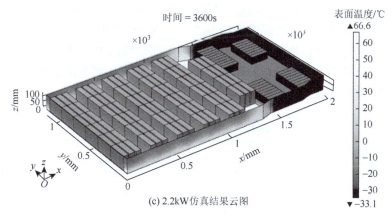

(c) 2.2kW仿真结果云图

图 7-21　−30℃仿真结果云图

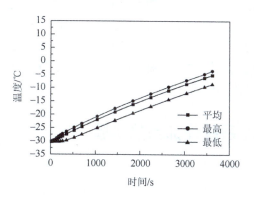

图 7-22　1.8kW 预热功率温升曲线

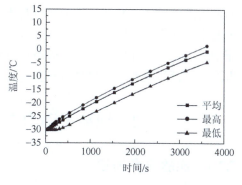

图 7-23　2kW 预热功率温升曲线

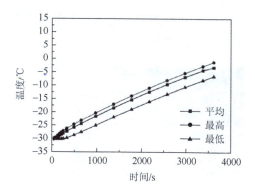

图 7-24　2.2kW 预热功率温升曲线

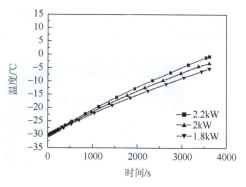

图 7-25　−30℃温升对比曲线

图 7-25 中对比了三种预热功率在–10℃环境下的主电池组平均温升情况，可以看出三种功率条件下的主电池组平均温度均呈现线性上升趋势，每下降 10%输出预热功率，预热至相同时间时平均温度相差为 2.61℃和 1.98℃。

在对电池组进行预热时，单体电池之间存在位置的差异会导致在同样的预热时间内温升的不均匀，根据仿真结果可以得到在不同温度下各个预热功率条件下的电池单体间最大温差，如表 7-3 所示。

表 7-3　电池单体间最大温差

预热功率/kW	–10℃	–20℃	–30℃
1.8	3.28℃	4.22℃	4.99℃
2	3.77℃	4.7℃	5.26℃
2.2	4.23℃	5.14℃	6.17℃

由表 7-3 可以看出，在各个温度条件下，随着预热功率的增加，单体电池间的最大温差越大。从仿真结果可以看出，主电池组温度分布较为均匀，温度差异主要出现在靠近辅助电池组一侧位置上的电池，并且这种差异随着环境温度降低而增大。所以，在实际预热实验时应该适当地增大靠近辅助电池组一侧位置上的电池低温预热功率，以尽量地减少电池单体间的最大温差。

7.2　锂离子动力电池系统外部预热实验

7.2.1　实验平台搭建

为进行低温条件下的电池组预热实验，对前面所设计的电池箱与预热系统进行了组装，如图 7-26 所示，主电池组利用电池连接片进行了串联连接，表面布置了温度传感器，辅助电池组同样连接成组并作为加热膜的供电电源。主副电池组布置完毕后进行封箱处理，置于大型高低温交变湿热实验箱中。

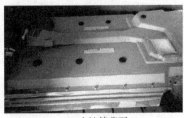

(a) 电池箱正面　　　　　　　　　　　　　　(b) 电池箱背面

图 7-26　电池箱装配图

图 7-27 为低温预热系统实验平台，主要包括大型高低温交变湿热实验箱、热管理系统、上位机、功率分析仪及负载电阻。表 7-4 为实验平台相关设备参数。

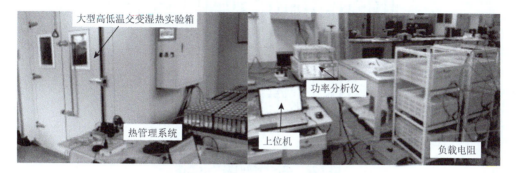

图 7-27　低温预热系统实验平台

表 7-4　实验平台相关设备参数

设备	型号	主要参数
大型高低温交变湿热实验箱	南京泰斯特	温度为–50～150℃，温度均匀度<2℃，温度偏差为±2℃
热管理系统		温度为–50～150℃，预热功率输出为 0～2.2kW
上位机	LabVIEW	温度、加热功率显示与保存
功率分析仪	WT1800	直流功率精度为±0.05%,分析仪采样精度为 16 位,电流测量范围为 100μA～55A,基本功率精度为±0.1%
负载电阻	/	由 6 个 60Ω 功率为 20kW 的功率电阻箱并联构成一个阻值为 10Ω 的大功率电阻负载

7.2.2　锂离子动力电池系统预热结果分析

在搭建好低温预热系统测试平台的基础上，分别在–10℃、–20℃及–30℃环境温度条件下进行预热实验。针对仿真结果中靠近辅助电池一侧电池温度较低而导致的电池组间温度不均匀的问题，利用预热功率区分以减少电池组单体间的温度差异。以电池低温预热时间为 60min 作为截止条件，得到电池的温升数据。

为分析预热结果中主电池组的横向温升情况，随机选取图 7-28 中 2 号和 8 号区域，对编号为 1～5 的电池温度结果进行分析，得到如图 7-29 所示的温升曲线。可以看出随机选取的五个电池温升曲线几乎重合，电池间的最大温度差异仅为 0.5℃，横向预热效果较好。

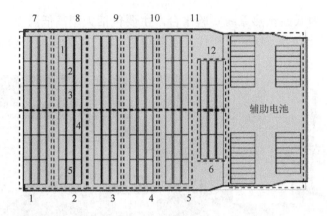

图 7-28　电池组横向编号示意图

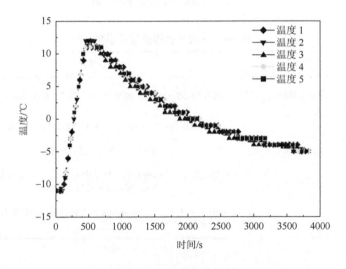

图 7-29　电池组横向温升图

同样，为分析预热结果中主电池组的纵向温升情况，随机选取 7～12 号区域内如图 7-30 所示的编号为 1～6 的电池温度结果进行分析，得到如图 7-31 所示的温升曲线。可以看出，与纵向温度曲线不同，横向上的单体电池温度上升曲线有着明显的差别，温度差别随着预热时间的增加而增大，温度最高的电池为 3 号，11.1℃；温度最低的电池为 6 号，8℃，最大温差为 3.1℃。预热结束后各点温度随之降低，各点之间温差也随之减少。

图 7-32 为−10℃仿真与实验温升对比图，可以看出预热 60min 后电池的平均温度上升至 10.91℃，仿真结果平均温度为 9.32℃。由仿真结果和实验结果都可以看出，预热时温升与时间呈现线性关系的趋势，温升速率为 0.34℃/min。

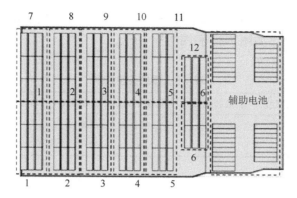

图 7-30　电池组纵向编号示意图

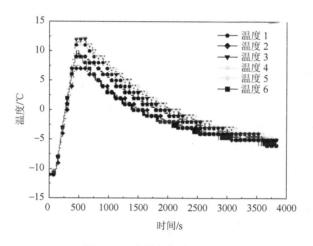

图 7-31　电池组纵向温升图

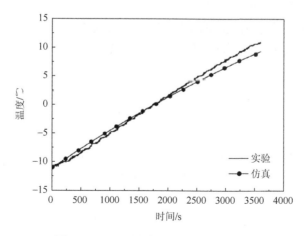

图 7-32　-10℃仿真与实验温升对比图

同样，在-20℃和-30℃环境温度下进行了预热实验，实验结果如表 7-5 所示，仿真与实验温升对比如图 7-33 和图 7-34 所示。

表 7-5　预热实验结果

环境温度/℃	初始温度/℃	实验温度/℃	仿真温度/℃	加热功率/kW	加热时间/min	最大温差/℃
-20	-17	4.5	3.45	1.8~2	60	4.5
-30	-25	-0.52	-2.06	2~2.2	60	5.1

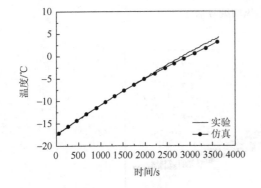

图 7-33　-20℃仿真与实验温升对比图　　　图 7-34　-30℃仿真与实验温升对比图

综合不同温度下的预热效果可以看出，采用电热膜预热方式可以较快地使主电池组温度上升 20℃ 以上，并且预热效果较为均匀，最大温差保持在 5.5℃ 以内。随着环境温度降低预热所需时间随之增加，并且需要适当地加大预热功率以保证预热时间。环境温度越低会造成预热时单体电池间的温差越大，主要是由于靠近辅助电池组一侧位置的电池受低温空气影响热量散失较快，但由于提高了 6 号和12 号热膜的预热功率并且降低了其他热膜的预热功率，使单体间温差保持在较低的数值内。

7.3　本 章 小 结

本章采用热传递方式的电热膜预热方法，利用多物理场仿真软件对电池组进行了低温条件下的预热效果仿真，仿真结果显示由于电池在箱体内的位置不同会增大单体电池间的温度差，因此在实际预热过程中采取了分区域输出不同预热功率的预热策略。对电池组在不同的低温条件下进行了预热实验，结果显示，采用电热膜预热方式可以较快地使主电池组温度上升至 10℃ 以上，预热效果较为均匀，最大温差保持在 5.5℃以内。当−20℃时增加预热过程后电池的可放出电量提高了约 46.7%，当−30℃时增加预热过程后电池的可放出电量提高了约 100%。低温预热系统有着较好的预热效果，提升了动力电池在低温条件下的性能特征。

参 考 文 献

[1]　Chen S C，Wan C C，Wang Y Y. Thermal analysis of Lithium-ion batteries[J]. Journal of Power Sources，2005，140（1）：111-124.

[2]　Wang R J，Pan Y H，Nian Y L，et al. Study on dynamic thermal control performance of positive temperature coefficient（PTC）material based on a novel heat transfer model considering internal heat transfer[J]. Applied Thermal Engineering，2020，165：114452.

[3]　Doh C H，Ha Y C，Eom S W. Entropy measurement of a large format lithium ion battery and its application to calculate heat generation[J]. Electrochimica Acta，2019，309（3）：382-391.

[4]　孙金磊. 应用于高寒地区的电动汽车电池管理关键技术研究[D]. 哈尔滨：哈尔滨工业大学，2016.

[5]　Sheng L，Su L，Zhang H，et al. An improved calorimetric method for characterizations of the specific heat and the heat generation rate in a prismatic Lithium ion battery cell[J]. Energy Conversion and Management，2019，180：724-732.

[6]　Bryden T S，Dimitrov B，Hilton G，et al. Methodology to determine the heat capacity of lithium-ion cells[J]. Journal of Power Sources，2018，395（15）：369-378.

[7]　Werner D，Loges A，Becker D J，et al. Thermal conductivity of Li-ion batteries and their electrode configurations-A novel combination of modelling and experimental approach[J]. Journal of Power Sources，2017，364：72-83.

[8]　刘杨，赵中阁. 纯电动汽车磷酸铁锂电池的热特性参数辨识和热仿真分析[J]. 环境技术，2020，38（5）：13-19.

[9]　Vanimisetti S K，Ramakrishnan N. A finite element study of diffusion-induced mechanics in Li-ion battery electrode materials[J]. International Journal of Computational Materials Science and Engineering，2012，1（3）：1250028.

第8章　低温状态下增程式电动汽车的能量管理策略

预加热利用外部设备或者系统内部设备,在汽车工作之前对电池包进行预热,使其在汽车运行前处于适当的温度范围之内。在一定条件下系统的预加热方法是最有效的方法,不但能够保障电池合理的使用,而且能够避免在行驶过程中较大的加热功率对整车运行造成的负担。自加热方法通过对电池施加交变电流来产生焦耳热,这种方式能够保证加热的均匀性,但会因为频繁的充放电而造成电池的衰减,同时也会消耗电池电能,使电动汽车纯电续驶里程缩短。在电动汽车不满足预加热和自加热条件时,通过改进带有车载发电单元的电动汽车动力系统结构,可以实现电动汽车在运行过程中动力电池的加热管理。本章针对增程式电动汽车运行过程中存在电量下降和电量维持两个阶段的特点,从能量管理的角度出发,开展两阶段嵌入电池加热热管理的研究。

8.1　带有电池预热的增程式电动汽车动力系统结构及工作原理

在具有增程式电动汽车动力系统中,重要的组成部分包括动力电池系统、动力驱动系统、辅助动力单元系统及整车控制系统。其中,动力电池系统主要用于为驱动电机提供电力,同时在制动或者滑行时存储由制动或者滑行产生的回收能量。动力驱动系统由驱动电机、减速器与变速箱等组成,在整车控制器的控制下实现汽车的驱动控制;辅助动力单元系统由发动机、启动发电机及整流桥三部分构成,通过整流桥将发电机的交流电转换为可并入总线的直流电,为动力电池系统充电或者直接驱动电机。增程式电动汽车的动力系统结构如图 8-1 所示。

增程式电动汽车动力系统的驱动主要依靠两个动力源:增程器和动力电池单元。两大动力单元之间相互协作使增程式电动汽车有 5 种不同的工作模式,下面分别对 5 种工作模式进行介绍。

(1)纯电动模式:在纯电动工作模式下,增程器处于关闭状态,动力电池单元提供能量供给。其能量传递拓扑结构如图 8-2 (a) 所示,普遍适用的永磁同步电机具有低转速大转矩的特点,因此可以保证起步时的低速与平稳,同时可以避免使用发动机直驱时出现的起步与低速状态下燃油效率低的情况。

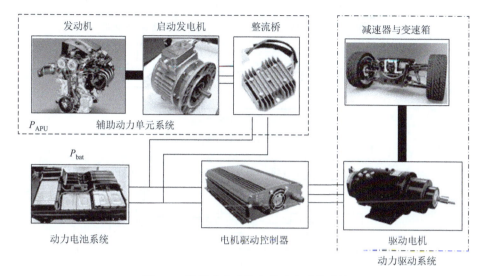

图 8-1　增程式电动汽车的动力系统结构

（2）增程器单独驱动模式：此时汽车由增程器单独提供动力，而电池电量保持在合理的范围内，发动机输出能够满足整车功率的需求，同时运行在燃油效率高效区域，发动机产生的功率经启动发电机、整流桥电机驱动控制器、驱动电机、减速器与变速箱最终作用在车轮上，如图 8-2（b）所示。

（3）混合驱动模式：当遇到需要较大功率输出以满足汽车加速、爬坡等情况时，单靠动力电池和增程器不足以满足功率需求。此时增程式电动汽车切换成混合驱动模式，发动机与动力电池系统共同配合驱动汽车，为汽车提供所需动力，其功率流动路径如图 8-2（c）所示。

（4）行车充电模式：当出现电池电量不足，而增程器能够保证正常行驶，还可以将部分能量通过总线为动力电池充电时进入该模式，同时若动力电池系统出现 SOC 值低于预设的 SOC 下限值，则增程式电动汽车将启动行车充电模式，该模式的功率流动路径如图 8-2（d）所示。该模式出现两个功率流，由增程器输出的电功率同时流动到驱动电机和动力电池系统。

（5）制动能量回收模式：当汽车出现非紧急制动或者滑行时进入此模式。在该模式下能量从驱动桥到达动力系统，驱动电机起到发电机的角色，同时为动力电池系统充电，将汽车的动能转化为电能存储在电池当中，该模式的功率流动如图 8-2（e）所示。

本章设计一种外部预热电池的增程式电动汽车动力系统构型，在传统的串联结构基础上加入对流预热通道，由增程器或者外部充电设备（如充电桩）输出电功率来为电池预热，带有对流预热功能的增程式电动汽车动力系统构型如图 8-3所示。为了预热电池包，这里采用了由电热阻丝、换流风扇及热流管道组合成的

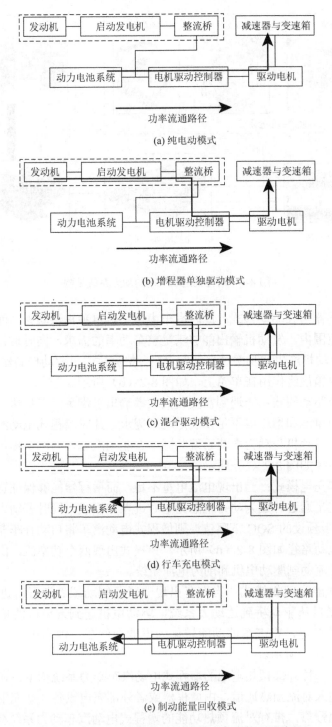

(a) 纯电动模式

(b) 增程器单独驱动模式

(c) 混合驱动模式

(d) 行车充电模式

(e) 制动能量回收模式

图 8-2 增程式电动汽车动力系统功率流的不同路径

预热器。在预热时，电热阻丝产生足够的热量，换流风扇将热量通过热流管道送到电池包体内，利用电池包内部风道，将热量均匀地传递给电池单体，同时将热流管道闭环，可以极大地提高预热效率。由此，在典型增程式电动汽车工作模式的基础上增加了为电池预热的工作模式，如图 8-4 所示。

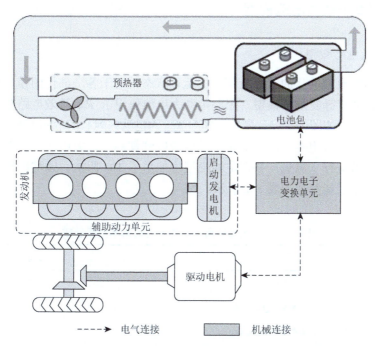

图 8-3　带有对流预热功能的增程式电动汽车动力系统构型

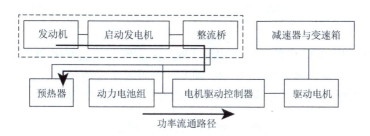

图 8-4　电池预热时的增程式电动汽车动力系统工作模式

8.2　增程式电动汽车动力系统建模

本节以带有预热电池的增程式电动公交车为例，对主要动力部件进行建模，包括动力电池、增程器、驱动电机等。对于动力电池要建立反映电池在不同 SOC

和温度下的性能模型、累计充放电量的衰减模型，以及不同温度下的产热模型。对于增程器和驱动电机，要建立给予转矩转速或者功率对效率的曲线模型，同时还要建立整车动力学模型及反映寒冷地区行驶特征的行驶工况。

8.2.1 锂离子动力电池模型

1. 等效电路模型

由于本章研究的目的是分析整车的运行状态，对于各个部件的模型出于简化的目的不需要选择复杂的模型。因此，动力电池使用了 R_{int} 等效电路模型来反映电池运行状态，如图 8-5（a）所示，其中 R_{bat} 为电池内阻、U_{bat} 为电池电动势。这里使用的电池是某电池生产厂商生产的磷酸铁锂锂离子动力电池，在前期的实验中对电池参数进行了测量，并在电池模型中使用了 10s 阻抗。磷酸铁锂锂离子动力电池的基本性能参数如表 8-1 所示。

表 8-1 磷酸铁锂锂离子动力电池的基本性能参数

电池参数	数值
标称电压，V_{nom}/V	3.2
标称容量，Q_{bat_cell}/Ah	60
单体质量，m_{bat_cell}/kg	2
最大充放电电流/A	±540
运行温度窗/℃	−20～45

电池在不同 SOC 下的充放电内阻（$R_{bat\_cell,\,ch}$/$R_{bat\_cell,\,disc}$）及 OCV 在室温 15℃ 得以测量，结果如图 8-5（b）和（c）所示。假设整个电池包由 N_{bat} 个串联单体及 M_{bat} 个并联支路构成，则相应的电池包参数如式（8-1）所示。

$$\begin{cases} R_{bat\_ch} = N_{bat} R_{bat\_cell,ch} / M_{bat} \\ R_{bat\_disc} = N_{bat} R_{bat\_cell,disc} / M_{bat} \\ Q_{bat} = N_{bat} M_{bat} Q_{bat\_cell} \\ V_{bat} = N_{bat} V_{bat\_cell} \end{cases} \tag{8-1}$$

式中，R_{bat_ch}/R_{bat_disc} 为电池包的充放电内阻；V_{bat} 为电池包的端电压；Q_{bat_cell} 和 Q_{bat} 分别为电池单体和电池包的容量。

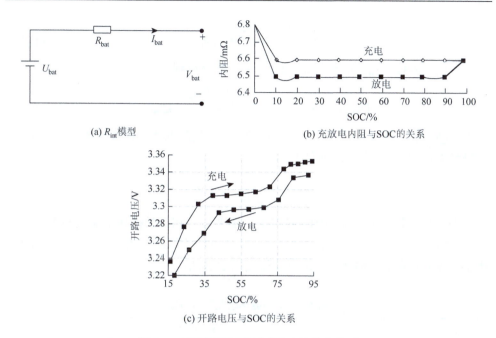

(a) R_{int}模型

(b) 充放电内阻与SOC的关系

(c) 开路电压与SOC的关系

图 8-5　磷酸铁锂锂离子动力电池单体模型

2. 电池衰减模型

本章使用的电池衰减模型基本形式为阿伦尼乌斯衰减模型，该模型考虑了电池的放电深度、温度、放电倍率及时间对寿命的影响，同时计算量适中，可以实际使用，阿伦尼乌斯公式的基本形式如式（8-2）所示：

$$Q_{loss} = Be^{-\left(\frac{E_a + an_{bat}}{RT_{bat}}\right)}A_h^x \qquad (8-2)$$

式中，Q_{loss} 为电池的容量衰减量；E_a 为活化能（J/mol）；R 为理想气体常数 [8.314J/(mol·K)]；T_{bat} 为电池的热力学温度（K）；n_{bat} 为充放电倍率；A_h 为单个标准老化工况下充放电池的电量；待定参数为 B、a 与 x，需要进行实验标定。由于本章聚焦在整车系统学的分析角度上，使用的是时刻变化的公交道路工况，而与标准的电池衰减循环工况不同，所以不能直接使用阿伦尼乌斯模型，需要给出假设：首先，式（8-2）所示的磷酸铁锂锂离子动力电池衰减模型同样适用于电池的动态衰退过程；其次，虽然充放电时的 n_{bat} 不相同，但 n_{bat} 在充放电过程中仍可认为是常值，因此在以下的分析过程中，不考虑放电倍率随时间的变化率。

基于以上假设，对式（8-2）进行变形，得到式（8-3）：

$$A_h = \left(Q_{loss}e^{\frac{E_a + a \cdot n_{bat}}{RT_{bat}}}/B\right)^{\frac{1}{x}} \qquad (8-3)$$

进一步，将式（8-2）中的 Q_{loss} 对 A_h 求导数，得到式（8-4）：

$$\dot{Q}_{\text{loss}} = xBe^{-\frac{E_a + a \cdot n_{\text{bat}}}{RT_{\text{bat}}}} (A_{\text{h}})^{x-1} \tag{8-4}$$

将式（8-3）中的 A_{h} 代入式（8-4）中，差分得到

$$Q_{\text{loss}\_k+1} - Q_{\text{loss}\_k} = \Delta A_{\text{h}} x B^{\frac{1}{x}} e^{-\frac{E_a + a \cdot n_{\text{bat}}}{xRT_{\text{bat}}}} Q_{\text{loss}\_k}^{\frac{x-1}{x}} \tag{8-5}$$

式中，Q_{loss_k} 和 Q_{loss_k+1} 为在 $t = k$ 和 $t = k+1$ 时刻的电池容量衰减量；ΔA_{h} 为从 k 时刻到 $k+1$ 时刻进出电池的总电量：

$$\Delta A_{\text{h}} = \frac{1}{3600} |I_{\text{bat}}| \Delta t \tag{8-6}$$

为了标定阿伦尼乌斯中的关键参数，需要设计相应的循环寿命实验来尽量贴合实际汽车上使用的情况，这里直接给出使用的电池循环老化测试方案，如表 8-2 所示。图 8-6 为电池循环老化测试实验结果示意图。

表 8-2　电池循环老化测试方案

控制方法	测试内容
基本循环方法	将电池从放电截止电压以 0.3C 倍率充电至充电截止电压，静置 20min；以 1.5C 倍率放电至放电截止电压，静置 20min
环境温度控制	基本循环时设置环境温度在 45℃ 和 5℃ 两个温度点之间进行切换，每 90 次基本循环切换一次环境温度
基本性能测试	每 30 次基本循环后进行一次基本性能测试，包括容量测试和 HPPC 测试。基本性能测试需要将环境温度调至 25℃

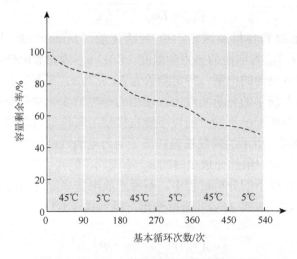

图 8-6　电池循环老化测试实验结果示意图

经过实验得到的衰减数据，对式（8-2）中的待定参数 B、a 和 x 进行最小二乘拟合[1]，可以得到

$$Q_{\text{loss}} = 0.0032 e^{-\left(\frac{15162-1516n_{\text{bat}}}{RT_{\text{bat}}}\right)} A_h^{0.824} \tag{8-7}$$

对于低温下的磷酸铁锂锂离子动力电池的动态容量衰减进行标定，需要将离散电池容量衰减模型表达式进行变形：

$$Q_{\text{loss}\_k+1} - Q_{\text{loss}\_k} = \Delta A_h x B^{\frac{1}{x}} e^{-\frac{E_a+a\cdot n_{\text{bat}}}{xR(|T_b-T_{\text{bat}}|+T_C)}} Q_{\text{loss}\_k}^{\frac{x-1}{x}} \tag{8-8}$$

式中，T_b 为电池工作温度，即电池在 T_b 下工作的衰减速率最低；T_C 为温度补偿系数。重新标定的衰减公式为

$$Q_{\text{loss}} = 0.0032 e^{\frac{15162-1516n_{\text{bat}}}{R(|285.75-T_{\text{bat}}|+265)}} A_h^{0.849} \tag{8-9}$$

3. 电池产热模型

为简化模型计算，这里假定每节电池的内部具有均匀的温度分布。电池在运行时产热主要来自四个方面。首先来自焦耳热，焦耳热的产生实质是电池内部的电阻在充放电过程中的产热。其次来自化学反应热，其本质是锂离子从负极活性材料中嵌入/脱嵌时产生的吸收或释放的热量，这一离子的运动是可逆的，因此这一反应会吸热也会放热，这一项可正可负。然后来自极化热，电池反应过程中粒子的扩散及移动耗散的能量极化热和内阻产生的焦耳热为不可逆热。最后来自混合热，是由电池内部不同位置的温度梯度产生的。式（8-10）为电池的产热公式。

$$\dot{Q}_{\text{bat}} = I_{\text{bat}}(U_{\text{bat}}^{\text{avg}} - V_{\text{bat}}) - I_{\text{bat}}T_{\text{bat}}\frac{\partial U_{\text{bat}}^{\text{avg}}}{\partial T_{\text{bat}}} - \sum_i \Delta H_i^{\text{avg}} r_i - \int \sum_i (\bar{H}_j - \bar{H}_j^{\text{avg}})\frac{\partial c_j}{\partial t} \text{d}v \tag{8-10}$$

式中，$\dot{Q}_{\text{bat}}$ 为电池的产热功率；$U_{\text{bat}}^{\text{avg}}$ 为电池的平衡电势；V_{bat} 为电池电压；T_{bat} 为电池的温度；I_{bat} 为电池充放电电流（正值表示放电，负值表示充电）；r_i 为第 i 个化学反应的速率；ΔH_i 为电池内部第 i 个化学反应的焓变值；$\bar{H}_j$ 代表 j 反应的局部摩尔焓；c_j 代表该反应浓度；v 代表体积；t 代表时间。对于产生的极化热和混合热较小，这两部分一般可以忽略。将式（8-10）进行简化，得到电池的产热表达式：

$$\dot{Q}_{\text{bat}} = I_{\text{bat}}(U_{\text{bat}}^{\text{avg}} - V_{\text{bat}}) - I_{\text{bat}}T_{\text{bat}}\frac{\partial U_{\text{bat}}^{\text{avg}}}{\partial T_{\text{bat}}} \tag{8-11}$$

进一步地，电池发热过程中的能量关系如式（8-12）所示。

$$C_{\text{cell}}\frac{\text{d}T_{\text{bat}}}{\text{d}t} = -q_n + \dot{Q}_{\text{bat}} \tag{8-12}$$

$$q_n = h_{bat}(T_{bat} - T_{env}) \qquad (8\text{-}13)$$

式中，C_{cell} 为单体电池的热容；q_n 为电池从内部传导到外部的传热功率；h_{bat} 为传热系数；T_{env} 为环境温度。

8.2.2　增程器模型

增程器由内燃机（internal combustion engine，ICE）和启动发电机（integrated starter generator，ISG）通过直接机械耦合连接构成，在 ISG 输出端接入三相整流桥[2, 3]。这使有内燃机输出的机械能能够直接地转换为电能并入直流总线当中。对于增程器而言，转矩转速输出自由，总能保证内燃机输出功率值总是运行在当前最佳燃油效率点上。因此，能够找到一条有关输出功率与效率的最优曲线。本章使用的增程器的基本参数如表 8-3 所示。增程器工作点最优效率曲线如图 8-7 所示，最大效率为 37.81%。

表 8-3　增程器的基本参数

参数	数值
最大功率/kW	55
最大效率 η_{APU_max}/%	37.81
质量 m_{APU}/kg	533

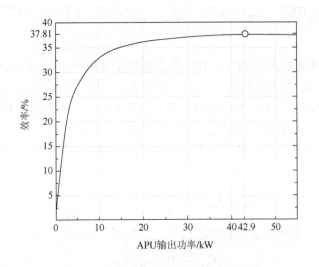

图 8-7　增程器工作点最优效率曲线

8.2.3　驱动电机模型

本章使用的驱动电机模型为基于效率 map 图的电机模型，这里的电机效率定义为电机输出的机械功率与电机控制逆变器输入电功率之比。当驱动电机处于能量回馈时，其制动效率则与驱动时效率相反，如式（8-14）所示。这里假设了电机在驱动和制动时的效率 map 完全具有镜像效应，图 8-8 为驱动电机的效率 map 图，表 8-4 为驱动电机的基本参数。

$$\begin{cases} \eta_{\text{mot\_drv}}(\omega_{\text{mot}}, T_{\text{mot}}) = \dfrac{\omega_{\text{mot}} \cdot T_{\text{mot}}}{I_{\text{mot}} \cdot U_{\text{mot}}} \\[4mm] \eta_{\text{mot\_brk}}(\omega_{\text{mot}}, T_{\text{mot}}) = -\dfrac{I_{\text{mot}} \cdot U_{\text{mot}}}{\omega_{\text{mot}} \cdot T_{\text{mot}}} \end{cases} \tag{8-14}$$

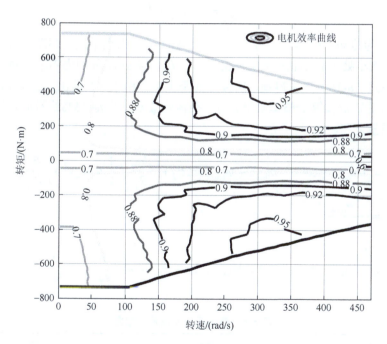

图 8-8　驱动电机的效率 map 图

表 8-4　驱动电机的基本参数

参数	数值
平均功率/kW	100
峰值功率/kW	180

参数	数值
最大转矩/(N·m)	750
最大转速/(r/min)	4500
驱动电压/V	300～450

8.2.4 整车动力学模型

建立整车动力系统模型可以得到整车在运行过程中不同时刻的需求功率,对于插电式混合动力公交车,整车的需求功率应为驱动车轮输出的功率。驱动车轮的输出功率为需求转矩和需求角速度的乘积,如式(8-15)所示。

$$P_{\text{dem}} = T_{\text{dem}} \omega_{\text{dem}} \eta_{\text{T}}^{-k} \tag{8-15}$$

式中,η_{T} 为传动系效率;k 为需求功率影响因子,当汽车处于驱动状态时,k 值为 1,当汽车处于制动状态时,k 值为 -1;T_{dem} 与 ω_{dem} 分别为需求转矩和需求角速度,由式(8-16)计算得到,所涉及的基本参数由表 8-5 给出。a_{ω} 为角加速度,公交车总质量 m_{bus} 等于整车质量 m_{veh}、乘客质量 m_p、电池 15% 的附加质量和增程器单元质量之和。

$$\begin{cases} T_{\text{dem}} = \left(\left(m_{\text{bus}} g c_r \cos\theta + m_{\text{bus}} a + m_{\text{bus}} g \sin\theta \right) + \left(\dfrac{J a_{\omega}}{R_w} + \dfrac{1}{2} \rho A c_d v^2 \right) \right) \dfrac{R_w}{g_{\text{final}}} \\ \omega_{\text{dem}} = \dfrac{v \cdot g_{\text{final}}}{R_w} \end{cases} \tag{8-16}$$

式中,$m_{\text{bus}} = m_{\text{veh}} + m_p + 1.15 N_{\text{bat}} M_{\text{bat}} m_{\text{bat\_cell}} + m_{\text{APU}}$;$a = \dfrac{\mathrm{d}v}{\mathrm{d}t}$;$a_{\omega} = \dfrac{a}{R_w}$。

表 8-5　插电式公交车基本参数

项目	参数	数值
公交车	整车质量 m_{veh}/kg	1.3×10^4
	乘客质量 m_p/kg	3×10^3
	滚动阻力系数 c_r	0.007
	空气密度 ρ/(kg/m³)	1.18

续表

项目	参数	数值
公交车	总转动惯量 $J/(\text{kg}\cdot\text{m}^2)$	143.41
	迎风面积 A/m^2	7.83
	气动阻力系数 c_d	0.75
	车轮半径 R_w/m	0.51
	最终传动比 g_{final}	6.2
	电力电子变换器效率 $\eta_{\text{DC}}/\%$	90
	传动系效率 $\eta_{\text{T}}/\%$	90
电池包	标称容量$/(\text{A}\cdot\text{h})$	120
	电池包端电压/V	280~510
	串联支数 N_{bat}	140
	并联支数 M_{bat}	2

8.2.5　运行工况

本章采用哈尔滨城市公交工况作为运行工况对插电式客车进行仿真分析，哈尔滨城市公交工况如图 8-9 所示。由表 8-6 可以看到相比较于中国城区公交工况，哈尔滨城市公交工况的最高车速、平均车速及最大减速度更低，而最大加速度、平均加速度及平均减速度更高，很符合哈尔滨城市公交车行驶的特点。

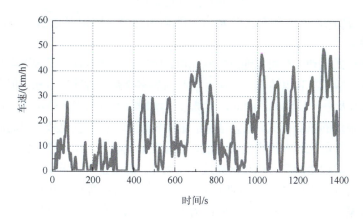

图 8-9　哈尔滨城市公交工况[4]

表 8-6　城市公交工况的特征参数对比

工况名称	循环时间/s	行驶距离/km	最高车速/(km/h)	平均车速/(km/h)	最大加速度/(m/s²)	最大减速度/(m/s²)	平均加速度/(m/s²)	平均减速度/(m/s²)	怠速时间/s
哈尔滨城市公交工况	1400	5.63	50	14.49	1.94	-2.22	0.76	-0.75	312
中国城区公交工况	1304	5.83	59.98	16.1	1.25	-2.47	0.31	-0.43	375

8.3　基于 CD-CS 的预热增程式电动汽车能量分配方法

将能量管理策略最终应用到实时控制的寒冷气候中，主要需要解决以下两个重要的问题。

第一，关于实现实时控制的问题。能量管理算法能够应用到车上的根本条件是在线化，同时应对随时变化的驾驶条件。因此基于固定工况的优化算法并不能满足这一条件，需要找到实时控制的能量管理方法。

第二，关于将热管理嵌入能量管理的问题。寒冷气候下增程式电动汽车需要较大的预热功率，往往能达到十几千瓦甚至几十千瓦。这一功率需求常温的能量分配已经不再适用。需要将预热功率考虑到实时控制当中，因此为能量分配带来了挑战。

考虑到上述两个实际应用问题，本节提出一种能够实时在线应用的，加入预热管理的增程式电动汽车能量管理方法，这一方法是在传统 CD-CS 策略下开发得到的。通过一定的设定规则，来解决上述的问题。

满足增程式电动汽车的功率需求是整车控制器（electronic control unit，ECU）的基本功能之一。当考虑到预热需求时，动力系统各个功率源之间的平衡关系为

$$P_{\text{bat}} + P_{\text{APU}} = P_{\text{dem}} + P_{\text{heat}} \tag{8-17}$$

式中，P_{bat}、P_{APU}、P_{dem} 及 P_{heat} 分别为电池输出功率、增程器输出功率、需求功率及预热功率。

由于增程式电动汽车可以通过电网充电，所以有三种可以用于预热电池的潜在电源，即电网、增程器和电池本身。使用电池预热本身是一种简单方法，但它会导致电池 SOC 降低及进一步衰减。因此，优选使用增程器或电网来预热电池，使用电网的电能一定是最优的预热方式。因为电网的电能相较于增程器发电效率更高同时最为经济，但前提条件是此时增程式电动汽车必须处在插电状态。使用增程器同样可以为电池预热，因为增程器始终可以在最高效率点运行，满足整车需求及电池充电需求后多余的能量也可以用于预热电池。同时增程器在形成过程中提供预热功率输出是唯一的能源供应方案。因此，本节主要研究在增程式电动汽车预热和运行期间采用增程器对电池组进行预热与保温的性能。根据 8.2 节中的整车动力学模型，可以计算得到在哈

尔滨城市公交工况基础上的整车需求功率，如图 8-10 所示。可以看到，在哈尔滨行驶的增程式电动公交车前期的车速较低，后期车速较高，整车需求功率保持在 ±150kW 的范围内，整个哈尔滨城市公交工况的加减速很大。完整的哈尔滨城市公交工况共计 5.6km，而公交车在一天中的行驶距离在 200km 以上，因此以 40 个哈尔滨城市公交工况（224km）组合的循环工况来代表整车在一天中的行驶情况。

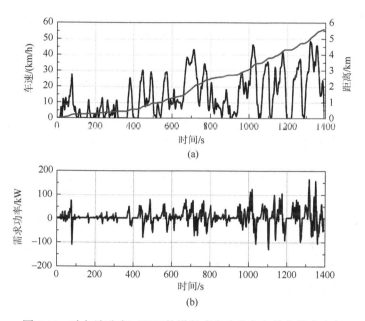

图 8-10　哈尔滨公交工况下的增程式电动公交车整车需求功率

本节提出的带有电池预热的增程式电动公交车能量管理策略如图 8-11 所示。整体思路包括三个部分，分别为状态与状态切换单元、逻辑判断单元及 SOC 状态估计与电池温度估计单元。

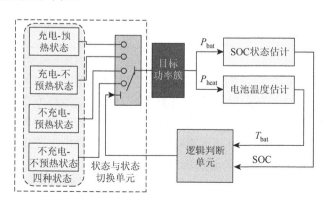

图 8-11　带有电池预热的增程式电动公交车能量管理策略

8.3.1　状态的定义与状态的逻辑关系

在增程式电动公交车行车阶段,电池的 SOC 随着不断的充放电而时刻变化,在 CD 阶段,整车功率均由电池出力,导致 SOC 快速下降。在 CS 阶段,由增程器出力满足需求功率同时为电池充电,此时电池电量维持在合理的水平上。与此同时,动力电池的温度因受外界寒冷气候环境影响而降低,因预热器预热而升高。动力电池的 SOC 与温度将其所处情况分为四个状态,分别为充电-预热(charge-heat)状态、充电-不预热(charge-no heat)状态、不充电-预热(no charge-heat)状态、不充电-不预热(no charge-no heat)状态。充电-预热状态的含义是此时的 SOC 较低,需要增程器来为电池充电,同时电池的温度低于其运行的最佳温度区域,需要为电池进行预热。其他三种状态根据名称进行区别。下面分别介绍四种状态。

(1)充电-不预热状态:此时电池需要充电的同时不需要预热,充电可能是 SOC 过低需要补电也有可能是处于制动能量回馈状态,因此需要通过需求功率的正负来分别考虑。电池不需要预热证明电池当前温度值还处在合适的范围内。因此预热功率应设为 0。此时进行功率分配,如表 8-7 所示,这里 $P_{\text{APU\_opt}}$ 为增程器运行在最有效率点时对应的输出功率;P_{em} 为驱动电机控制器输入端口的功率流动,为需求功率与电机损耗的耦合。

表 8-7　充电-不预热状态下的功率分配

$P_{\text{APU}} = P_{\text{APU\_opt}}$

$P_{\text{heat}} = 0$

$P_{\text{cha}} = P_{\text{em}} - P_{\text{APU}} + P_{\text{heat}}$

若满足 $P_{\text{cha}} \geq 0$,则 $P_{\text{bat}} = P_{\text{cha}} / \eta_{\text{DC}}$

若满足 $P_{\text{cha}} < 0$,则 $P_{\text{bat}} = P_{\text{cha}} \times \eta_{\text{DC}}$

(2)充电-预热状态:此时电池需要充电同时需要预热,充电可能是 SOC 过低需要补电也有可能是处于制动能量回馈状态。此时电池温度低于适应的温度范围,需要为电池预热。这一状态是最为复杂的状态,因为增程器需要同时满足需求功率、预热功率,在有输出功率充裕时对电池进行补电。当需求功率值大过增程器最优输出功率点值时,多余的需求功率必须由电池来补充。$P_{\text{heat\_init}}$ 为预先设置的某一预热功率限值。功率分配的优先级为满足整车功率需求>满足预热需求>满足充电需求。表 8-8 对应的是充电-预热状态下的功率分配。

表 8-8　充电-预热状态下的功率分配

$P_{\text{APU}} = P_{\text{APU\_opt}}$
$P_{\text{heat}} = P_{\text{heat init}}$
$P_{\text{cha}} = P_{\text{em}} - P_{\text{APU}} + P_{\text{heat}}$
若满足 $P_{\text{cha}} \geqslant 0$，则 $P_{\text{bat}} = P_{\text{cha}} / \eta_{\text{DC}}$
若满足 $P_{\text{cha}} < 0$，则 $P_{\text{bat}} = P_{\text{cha}} \times \eta_{\text{DC}}$

（3）不充电-不预热状态：此时电池不需要充电同时也不需要预热，在此状态下，电池的 SOC 还处在较高的水平，不需要补电。同时电池的温度处在合适的范围内，不需要预热。此状态下主要由电池满足需求功率及吸收制动能量。表 8-9 对应的是不充电-不预热状态下的功率分配。

表 8-9　不充电-不预热状态下的功率分配

$P_{\text{APU}} = 0$
$P_{\text{cha}} = 0$
$P_{\text{heat}} = P_{\text{APU}} - P_{\text{cha}}$
若满足 $P_{\text{em}} \geqslant 0$，则 $P_{\text{bat}} = P_{\text{em}} / \eta_{\text{DC}}$
若满足 $P_{\text{cha}} < 0$，则 $P_{\text{bat}} = P_{\text{em}} \times \eta_{\text{DC}}$

（4）不充电-预热状态：此时电池不需要充电但需要预热，在此状态下，电池的 SOC 还处在较高的水平上，不需要补电。同时电池的温度处在较低水平上，需要预热。此状态下主要由电池满足需求功率及吸收制动能量，同时由增程器来为电池预热，使其温度上升。表 8-10 对应的是不充电-预热状态下的功率分配。

表 8-10　不充电-预热状态下的功率分配

$P_{\text{APU}} = P_{\text{APU\_opt}}$
$P_{\text{cha}} = 0$
$P_{\text{heat}} = P_{\text{APU}} - P_{\text{cha}}$
当满足 $P_{\text{em}} \geqslant 0$，则 $P_{\text{bat}} = P_{\text{em}} / \eta_{\text{DC}}$
当满足 $P_{\text{cha}} < 0$，则 $P_{\text{bat}} = P_{\text{em}} \times \eta_{\text{DC}}$

8.3.2　状态切换逻辑

逻辑判断的根本目的是在前述四个状态之间进行切换，而切换的关键是切换变量达到阈值点,这里状态切换的两个切换变量分别为电池 SOC 和电池温度 T_{bat},

四种状态下的切换方法如图 8-12 所示。当电池 SOC 和温度满足相应条件时，会跳转到下一个状态，每条线路上的数字表示检索信号的顺序。图 8-12 中提到的阈值信息由表 8-11 给出。根据前面的研究可知磷酸铁锂锂离子动力电池在 12.75℃处衰减最小，因此将电池组的最高工作温度设置为 13℃[1]。当增程器运行预热时，增程器被设置为控制电池温度为 12～13℃。此外，CS 阶段的 SOC 控制在 0.28～0.32。结果表明，在适当的温度范围内维持电池温度所需要的能量相对较小。因此，在适当的温度范围内操作电池的大部分预热功率来自预热过程。在图 8-12 中，每种状态存在向其余三个状态转移的可能，同样其余三个状态也有向当前状态转移的可能。这里设定当前状态向其他状态转移时，首先，检查是否同时满足两个转换变量（SOC 和 T_{bat}）转移的可能；其次，检查 SOC 是否满足转移条件；最后，检查 T_{bat} 是否满足转移条件。例如，如果当前处于充电-不预热状态，当下一时刻到来时判断是否需要转移，首先，判断是否有向不充电-预热状态转移的可能，即判断 SOC＞SOC_{high} 并且 T_{bat}＜T_{bat_high} 是否满足；其次，判断 SOC＞SOC_{high} 是否满足（向不充电-不预热转移）；最后，判断 T_{bat}＜T_{bat_high} 是否满足（向充电-不预热转移）。

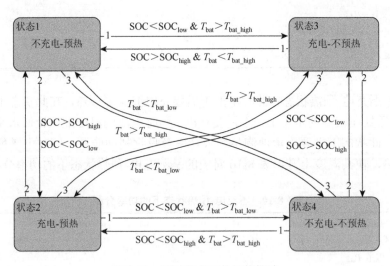

图 8-12　四种状态下的切换方法

表 8-11　状态转移阈值设定

阈值	数值
低 SOC 值，SOC_{low}	0.28
高 SOC 值，SOC_{high}	0.32
低电池温度值，T_{bat_low}/℃	12
高电池温度值，T_{bat_high}/℃	13

8.3.3　电池在线 SOC 和温度估计

实时在线的估计 SOC 值和电池温度 T_{bat} 是准确判断状态转换的基础。本节使用安时积分法进行电池的 SOC 估计，其计算公式如下：

$$SOC = SOC_0 - \frac{1}{Q_{bat\_cell}} \int_{t_0}^{t} \eta_{bat} I_{bat} d\tau \qquad （8-18）$$

式中，SOC_0 为起始 t_0 时刻的 SOC 值；η_{bat} 为电池的库仑效率。

电池的温度估计直接由 8.2.1 节的电池产热模型计算。电池自身在充放电过程中主要会产生两部分热量，分别为焦耳热和电化学反应热，由式（8-11）计算得到。同时，动力电池要与周围环境进行换热，换热功率一般表示为式（8-13）。另外，在加热器的作用下会产生加热功率，考虑到加热的完整电池热模型如式（8-19）所示，这里的 P_{heat} 和 η_{heat} 分别为加热功率与加热效率。

$$N_{bat} M_{bat} C_{cell} \frac{dT_{bat}}{dt} = P_{heat} \eta_{heat} - h_{bat}(T_{bat} - T_{env}) + I_{bat}(U_{bat}^{avg} - V_{bat})$$
$$- I_{bat} T_{bat} \frac{\partial U_{bat}^{avg}}{\partial T_{bat}} \qquad （8-19）$$

8.4　仿真及分析

本节将对前述中提到的能量管理策略进行仿真分析，以及经济性分析。首先，讨论增程式电动公交车在全天行驶因出现可以再次充电的机会时可能遇到的三种场景：无补电场景、一次补电场景和两次补电场景；量化分析在三个场景下的四种运行成本：燃油成本、电成本、电池衰减成本、电池预加热成本。其次，分析在三种场景下使用增程器预热和电网预热产生的成本差异。最后，进行参数灵敏度分析及年行驶成本节省计算。

8.4.1　能量管理策略应用场景分析

对于运行在寒冷地区的增程式电动公交车，往往在每日运行前一天的晚上停在室外，同时插入充电器充电，因此在当日刚开始运行时处于冷车状态，车上的电池包温度与环境温度一致，并且此时电池包处于满电状态。为了实现最优的电池包使用，同时充分地发挥燃油的效果，在公交车运营商中会出现这样一个场景：在每日例行出行前，通过电网的电能（此时处于插电中）或者增程器产生的电能来提供加热功率，为电池进行预加热，当预热阶段结束后开始出行。因此,完整的一天中的加热功率将包含两个部分,即出行前的预热功率 $P_{preheat}$ 和维持电池温度在适当范围内的维持功率 $P_{heat\_maintain}$。对于 $P_{heat\_maintain}$ 只能通过增程器来提供,而对于第一部分预热功率 $P_{preheat}$,既可以由增程器提供也可以用电网功率来满足。不同的预热电源会导致不同的预热成本,本节将对此进行定量分析。同时,增程式电动公交车在每日的 224km 的里程中会出现再充电的情况,即当遇到条件允许的 Plug-in 时(如再次回到公交总站时),还可以插入充电桩再次为电池充满电。这里将讨论三种情况:无补电场景、一次补电场景和两次补电场景。

1. 无补电场景分析

无补电场景,即电池从−20℃的环境温度预热到 13℃的最佳温度(无论是增程器还是电网),并且在每天的行程中没有再充电的机会。按照 8.3 节设置的功率分配策略,当初始电池处于满电状态时(SOC = 90%)及每日出行前电池处在合适的 13℃时,按照规律首先整车将使用电能进入 CD 阶段,当电池 SOC 下降至 28%时开始进入 CS 阶段。同时,电池的温度将受到与环境换热的影响而出现温度下降的现象,当下降到 12℃时增程器启动为电池加热。按照 8.3 节的能量管理策略,得到一天中的电池 SOC 和电池温度曲线,如图 8-13 所示。可以看到电池 SOC 和温度能够按照预设的轨迹运行。在行驶到约第 8 个行驶工况后,整车开始进入 CS 阶段,此时增程器输出功率为电池充电。同时,电池温度在每隔约两个行驶工况(11.2km)后温度降低到 12℃,开始启动增程器加热,因为增程器总是运行在最有效率点上,当最有效率点处的功率(42.9kW)全部用于电池加热时,电池包的温度从 12℃升至 13℃,只需要 30s。

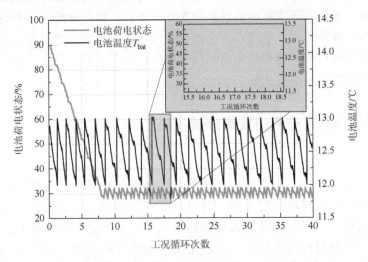

图 8-13 无补电场景下的一天中电池 SOC 和温度变化曲线

当设定环境温度 T_{env} 为-20℃及将加热效率 η_{heat} 设置为 0.7 时,本节将电池温度和衰减曲线与没有电池加热过程的电池温度和衰减曲线进行比较,如图 8-14 所示。可以看出,由于电池在使用过程中的自产热(internal heat generation,IHG),非预加热的电池的温度在每日 224km 的行程后上升到-9℃。而整天行驶下来的电池衰减量达到了 1.6347×10^{-4}(新鲜电池的寿命定义为 1),电池的衰减曲线几乎呈直线上升趋势。与带有预加热和维持温度控制的情况相比,电池在每日出行前经历了 714s 的增程器预计热,之后开始采取恒温控制。整个过程的电池衰减从 1.6347×10^{-4} 下降到了 0.3665×10^{-4}。因此,通过采用电池预热过程,电池的衰减量大大降低,也使电池衰减导致的置换成本大大降低。预热虽然降低了电池衰减成本,但值得注意的是同时也增加了预热和维持电池包温度而产生的预热成本和电成本,这在锂离子动力电池价格迅速降低的今天是值得权衡考虑的问题[5]。

为进一步地分析系统的运行成本,本节将带有预热动力系统运行时产生的运行成本进行分类。首先,增程器输出功率是由燃油热量决定的,这部分定义为燃油成本(fuel cost,FC);其次,由电池电能提供功率而产生的电成本(electric cost,EC)由电价决定,同时电池还会产生因衰老而导致的电池衰减成本(battery degradation cost,BDC)及由预热电池而产生的电池预热成本(battery pre-heating cost,BPC)。表 8-12 给出了各类能源价格和关键参考值。现在国内和国际市场上电池的价格大概在 300 美元/(kW·h)[5]。根据文献研究,现有的对流加热的加热方式效率在 70%左右[6]。假设当电池容量减少到初始值的 80%时,电池需要更换,并且使用增程器将电池进行预热。由式(8-20)来计算 FC、EC、BDC 及 BPC。对于 FC、EC 和 BDC,将会随着整车的行驶而产生累积,但对于 BPC,其只在预热阶段产生。当使用增程器进行预热时,BPC 可由增程器功率和燃料价格计算得到,如果使用电网提供预热功率,那么 BPC 由电功率和电价计算得到。当使用增程器预热电池时,由此运行成本与总运行成本如图 8-15 所示。

$$\begin{cases} FC = \sum_k \dfrac{P_{APU}(k) p_{fuel} T_s}{\eta_{APU\_max} c_v} \\[4mm] EC = \sum_k \dfrac{P_{bat}(k) p_{ele} T_s}{3.6 \times 10^6} \\[4mm] BDC = \sum_k \dfrac{Q_{loss\_k} p_{bat}}{0.2} \dfrac{N_{bat} M_{bat} Q_{bat\_cell} V_{nom}}{1000} \\[4mm] BPC = \sum_{T_{bat}=-20℃}^{13℃} \dfrac{P_{APU}(T_{bat}) p_{fuel} T_s}{\eta_{APU\_max} c_v} \ 或 \ \sum_{T_{bat}=-20℃}^{13℃} \dfrac{P_{bat}(T_{bat}) p_{ele} T_s}{\eta_{APU\_max} c_v} \end{cases} \quad (8\text{-}20)$$

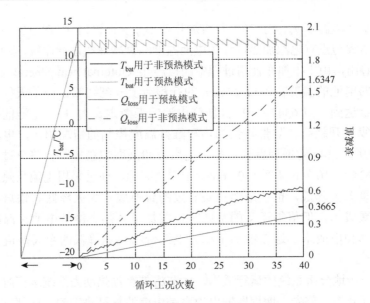

图 8-14　无补电场景下的电池温度和衰减值曲线

表 8-12　各类能源价格和关键参考值

参数	数值
电池价格 p_{bat}/[美元/(kW·h)]	300[5]
电价 p_{ele}/[美元/(kW·h)]	0.129[7]
燃油价格 p_{fuel}/(美元/L)	0.75[8]
加热效率 η_{heat}	0.7[6]
燃油低热值 c_v/(J/L)	3.8×10^7
环境温度 T_{env}/℃	−20

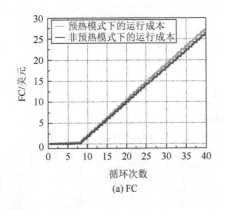

(a) FC

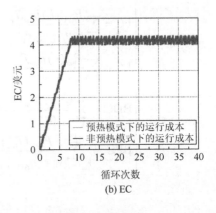

(b) EC

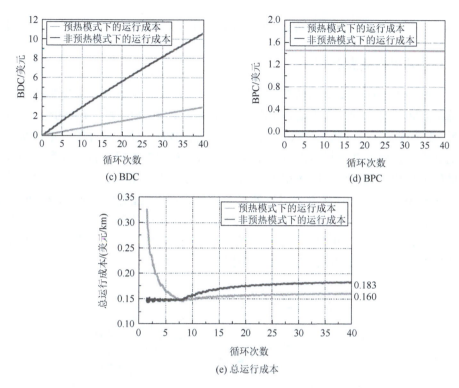

图 8-15　在无补电场景下的 PHEV 各部分运行成本与总运行成本

在图 8-15（a）中，采用电池预热相比非预热过程的 FC 高 3.3%，这是因为增程器提供了额外的电能来维持电池温度。在图 8-15（b）中，电价成本在两种模式下相近，这是因为在运行时电池中的电能在两种模式下使用情况相同，没有使用电池中的电能来进行预热。而在图 8-15（c）中，因为电池的温度在两种模式下有明显的不同，所以表现出来的电池衰减成本有很大的差异，相比非预热模式，衰减成本从 10.55 美元降低到了 2.96 美元。这一成本的下降将决定预热电池的模式是否受益。在图 8-15（d）中，预加热模式下的预加热成本是在每日出行前产生的，并且在出行后不再累积，因此在出行后为固定值，而非预热模式的预加热成本始终为 0 美元。图 8-15（e）中所示的为总运行成本，由式（8-21）计算得到。可以看到，在第 8 个循环工况附近，两种模式下的运行成本出现交叉，之后预热模式的成本持续低于非预热模式。因此，虽然 FC、预热成本在预热模式下均比非预热模式下要高，但 BDC 却将这一缺口追平，同时在日出行结束后仍有效益体现。因此，电池加热过程会增加 FC，但却可以显著地降低整体运营成本，这可以为增程式电动公交车运营商带来显著的好处。上述仿真结果也初步验证了电池加热过程的有效性。

$$Total_{Cost} = FC + EC + BDC + BPC \qquad (8\text{-}21)$$

2. 一次补电场景分析

一般来说，在公交车总站都装有为公交车充电的充电设备。公交车往返于公交总站之间。对于增程式电动公交车，当行驶经过 20 个行驶工况（约为 110km）或者 13 个行驶工况（约为 75km）后进入公交总站时，便可以开始充电。而这一充电规律将打破无补电场景的分析结果。因为更多的充电机会将会导致最基本的能量使用规律发生变化，即多用电少用油，从运行成本结构上也会发生明显的变化。图 8-16 给出在一次补电场景下的电池 SOC 和电池温度变化轨迹。在 20 个循环工况之后，公交车进入充电站，电池以 2C 的速度进行充电，插入充电 20min 后电池 SOC 重新回到 90%。在补电阶段，电池的温度开始上升，充电结束时温度上升到 12.97℃，之后再次回到恒温控制当中。

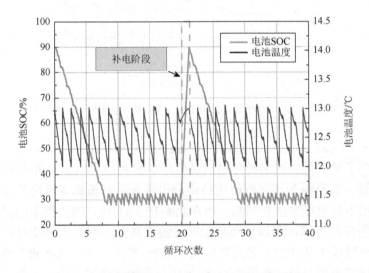

图 8-16　一次补电场景下的电池 SOC 和温度

图 8-17 给出了一次补电场景下的增程式电动公交车各部分运行成本和总运行成本曲线。可以看到，相比零次充电场景，FC 会在两个 CD 阶段出现平台，而在两个 CS 阶段油耗上升，而 EC 会与 FC 交替上升。FC 中预热模式下略高于非预热场景，这同样是因为电池维持电池温度而消耗的燃油。相比无补电场景，FC 下降而 EC 上升，BDC 和 BPC 基本保持不变，总运行成本明显下降，从 0.16 美元/km 下降到了 0.15 美元/km，同时总成本差相比无补电场景有所增加。在一次补电场景中，通过采用预热电池热管理，总成本降低了 13.8%（从 0.174 美元/km 降至

0.150 美元/km）。此外，当充电机会存在时，电池预热过程变得更加重要，因为电池的使用更加频繁。

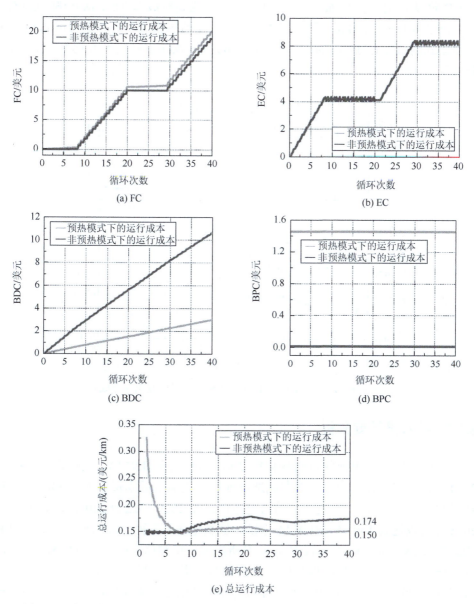

图 8-17　在一次补电场景下的增程式电动公交车各部分运行成本与总运行成本曲线

3. 两次补电场景分析

在出现两次补电场景的日常出行中，电池 SOC、温度及总运行成本如图 8-18

所示。在两次补电场景中，更多的电能用于行驶需求，而需要增程器启动进行电量维持的 CS 阶段更短。同时，相比无补电场景，其总运行成本总是在补电阶段及 CD 阶段呈下降趋势，最后导致出行结束后的总运行成本更低，从 0.160 美元/km下降到了 0.139 美元/km，降低了约 13.1%。在预热模式下的总运行成本相比非预热模式的总运行成本有所降低，从 0.163 美元/km 下降到了 0.139 美元/km，降低了约 14.7%。

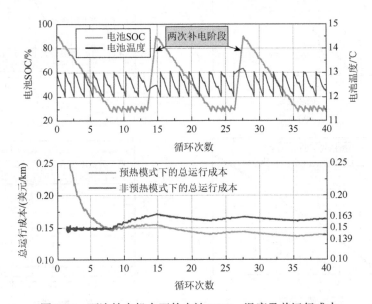

图 8-18　两次补电机会下的电池 SOC、温度及总运行成本

8.4.2　参数灵敏度分析

目前，锂离子电池的价格变化在 200～400 美元/(kW·h)。具体地，2007～2014 年间，市场领先的电动汽车制造商使用的电池组成本每年下降 8%[9, 10]。麦肯锡的分析师在 2012 年表示，动力电池价格在 2020 年达到 200 美元/(kW·h)，2025 年可以达到 160 美元/(kW·h)。因此，这里考虑了三种价格（150 美元/(kW·h)，300 美元/(kW·h)，450 美元/(kW·h)），分析电池价格对总运行成本的影响。与此同时，环境温度作为影响电池温度变化的参数，需要进行灵敏度分析，选取三个温度点：−20℃、−10℃ 和 0℃ 进行分析。考虑到电池价格和环境温度变化的情况下，比较了带电池预热过程和不加电池预热过程的增程式电动公交车运行成本，如表 8-13 所示。可以看出，预热策略对所有情况都是有利的。随着电池价格、预热效率和充电次数的增加，以及环境温度降低，预热过程变得越来越必要。当电池价格低至 150 美元/(kW·h)，环境温度为 0℃ 时，采用电池预热管理策略，

运行成本仍可降低 2.7%。因此，在低温条件下预热电池是有益的。运行效益随着环境温度的升高而降低，这是因为预热和非预热情况下电池衰减的差别变得不那么明显。BDC 与电池价格成正比，因此电池预热产生的效益随着电池价格降低而降低。当环境温度进一步升高或电池价格进一步降低时，电池预热可能变得没有必要。

表 8-13　在不同的 p_{bat}、T_{env} 和不同的充电机会下的总运行成本

场景	电池价格 p_{bat}	总运行成本/美元		
		−20℃	−10℃	0℃
无补电场景	150 美元/(kW·h)	0.154/0.159 (3.2%)	0.151/0.156 (3.0%)	0.145/0.152 (2.0%)
	300 美元/(kW·h)	0.160/0.183 (12.41%)	0.156/0.175 (10.43%)	0.154/0.167 (7.78%)
	450 美元/(kW·h)	0.167/0.206 (19.19%)	0.163/0.194 (15.89%)	0.161/0.183 (12.04%)
一次补电场景	150 美元/(kW·h)	0.144/0.150 (3.8%)	0.139/0.144 (3.6%)	0.135/0.140 (3.4%)
	300 美元/(kW·h)	0.150/0.174 (13.8%)	0.146/0.165 (11.5%)	0.141/0.157 (10.2%)
	450 美元/(kW·h)	0.157/0.198 (20.7%)	0.153/0.185 (17.3%)	0.148/0.173 (14.5%)
两次补电场景	150 美元/(kW·h)	0.132/0.137 (4.2%)	0.127/0.132 (4.0%)	0.122/0.127 (3.7%)
	300 美元/(kW·h)	0.139/0.163 (14.7%)	0.134/0.154 (13.0%)	0.129/0.146 (11.6%)
	450 美元/(kW·h)	0.146/0.188 (22.3%)	0.141/0.175 (19.4%)	0.137/0.163 (16.0%)

注：百分数代表采用电池加热管理策略后运行成本降低的比例。

对无补电场景的情况进行进一步的灵敏度分析，如图 8-19 所示。结果表明，随着燃料价格提高，电池的加热效益逐渐降低，这是由于维持电池温度的 FC 值的增加。总运行成本效益与电价的变化关系不明显，是因为在不同补电场景下的预热产生的 EC 和不预热产生的 EC 几乎相同。另外，随着加热效率提高，预热效益也会提高。环境温度降低有助于加热电池效益的体现。

通过电网预热可以进一步提高效益，因为电价远低于燃油价格。例如，当电池价格为 450 美元/(kW·h)，温度为−20℃时，用电网替代预热电池，增程式电动公交车的运行成本从 0.146 美元/km 降至 0.143 美元/km。因此，与不充电的 0.188 美元/km

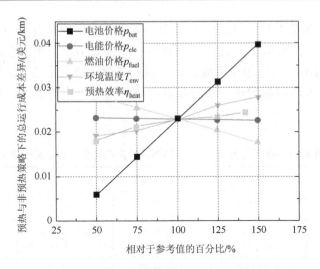

图 8-19　无补电场景下的预热与非预热策略总运行成本差异

相比，效益进一步提高。当电池价格为 150 美元/(kW·h)，温度为 0℃时，用电网代替预热电池，增程式电动公交车的运行成本由 0.141 美元/km 降低到 0.145 美元/km。因此，与不充电的 0.152 美元/km 相比，效益也进一步提高。改进策略带来的效益提高等主要来自于使用电网来预热电池，而不是使用增程器来预热电池[11]。

8.4.3　实例分析

为说明预热策略在实际应用中的效益，以哈尔滨市公交运营为例进行了实例分析。在哈尔滨市一年当中，有五个月的月平均气温低于零度，如表 8-14 所示[12]。在 11 月、12 月、1 月、2 月和 3 月，温度下降到 0℃以下，在此基础上考虑电池预热。根据推测，公交每天行驶 40 个工况（约为 224km）。表 8-14 为哈尔滨市公交车的月平均气温及月运行总成本。可以看到，与非预热策略相比，电池预热策略在一年中总共节省了 643.4 美元，即如果在哈尔滨采用预热策略，电动公交车可以节省大约 13%的运营成本。

表 8-14　哈尔滨市公交车的月平均气温及月运行总成本

月份	11	12	1	2	3
平均气温/℃	−5.3	−14.8	−18.3	−13.6	−3.4
预热模式下的总运行成本/美元	938.1	968.1	978.0	964.3	933.0
不预热模式下的总运行成本/美元	1053.6	1104.3	1125.0	1097.7	1044.3

8.5　本　章　小　结

本章针对低温环境运行下增程式电动公交车动力系统中动力电池性能下降和寿命衰减的问题，在建立动力系统关键部件模型的基础上，提出两阶段嵌入电池加热热管理的能量管理策略。在设定电动公交车合理运行场景下，将运行成本分为四个部分，进而定量分析所提能量管理策略的经济可行性。

参 考 文 献

[1] Song Z Y, Hofmann H, Li J Q, et al. The optimization of a hybrid energy storage system at subzero temperatures: Energy management strategy design and battery heating requirement analysis[J]. Applied Energy, 2015, 159: 576-588.

[2] 何彬, 程夕明, 曹桂军, 等. 串联式混合动力辅助动力单元动态控制研究[J]. 汽车工程, 2006, 28 (1): 12-16.

[3] 刘旭东, 段建民, 张博彦, 等. 辅助混合动力电动汽车的技术研究[J]. 河北科技大学学报, 2006, 27 (3): 250-253.

[4] 胡宸, 吴晓刚, 李晓军, 等. 哈尔滨城市公交工况的构建[J]. 哈尔滨理工大学学报, 2014, 19 (1): 85-89.

[5] AA Portable Power Corporation. Category: LiFePO₄/LiFeMnPO₄ batteries [EB/OL]. [2022-11-04]. https://www.batteryspace.com/contactus.aspx.

[6] Ji Y, Wang C Y. Heating strategies for Li-ion batteries operated from subzero temperatures[J]. Electrochimica Acta, 2013, 107: 664-674.

[7] The U.S. Energy Information Administration. Electric Power Monthly[EB/OL]. [2022-10-03]. https://www.eia.gov/electricity/monthly.

[8] The U.S. Energy Information Administration. Gasoline and Diesel Fuel Update[EB/OL]. [2023-01-13]. https://www.eia.gov/petroleum/gasdiesel.

[9] Nykvist B, Nilsson M. Rapidly falling costs of battery packs for electric vehicles[J]. Nature Climate Change, 2015, 5 (4): 329-332.

[10] Hensley R, Newman J, Rogers M, et al. Battery technology charges ahead[J]. McKinsey Quarterly, 2012, 3: 5-50.

[11] Wang T Z, Wu X G, Xu S B, et al. Performance of plug-in hybrid electric vehicle under low temperature condition and economy analysis of battery pre-heating[J]. Journal of Power Sources, 2018, 401 (15): 245-254.

[12] 中国天气网. 哈尔滨气候背景分析[EB/OL]. [2022-11-20]. https://www.weather.com.cn/cityintro/101050101.shtml.